성경은 복음을 전하라는 주님의 지상명령인 수평적 선교와 자녀에게 말씀을 전수하라는 수직적 선교를 명령하고 있다. 특별히 주님이 분부하신 땅끝까지 선교하라는 명령은 교회가 온전히 감당해야 할 사명이다. 금번에 『단기 의료선교의 새로운 패러다임을 찾아서』가 출간되어 매우 기쁘게 생각한다. 은둔의 나라 조선 땅에 복음이 들어온 지 100년이 훌쩍 지난 지금 많은 한국 선교사들이 복음의 빚을 갚고 있다는 사실을 생각할 때 하나님께 영광을 돌린다. 이 책은 단기 의료선교와 관련하여 다양한 선교 현장에서 하나님이 주신 이해와 경험을 고스란히 담고 있어서 실제적으로 아주 깊이 있는 책이다. 단기 의료선교를 준비하는 모든 교회와 성도들이 반드시 읽어야 할 필독서로 추천한다.

정현민 원동교회 담임목사

단기 선교는 선교지뿐 아니라 한국의 사회문화적 자본과 영적 자본을 형성하여 하나님 나라를 확장하는 교회와 선교단체의 소중한 자산이다. 특히 단기 의료선교는 복음의 선포와 치유를 통해 삶의 본보기를 제시하는 총체적 선교를 지향한다. 이 책은 복음과 그리스도인 삶의 조화와 균형을 추구하는 총체적 선교를 단기 의료선교라는 패러다임으로 제시한다. 이 책이 제시하는 단기 의료선교의 이론과 실제, 그리고 현장의 고민들은 한국교회 선교의 지평을 확대할 것이라 확신한다. 의료선교에 참여하는 이들뿐 아니라 선교에 관심을 갖고 있는 모든 이들에게 필독서로 권한다.

최형근 서울신학대학교 선교학 교수, 한국로잔위원회 총무

예수 그리스도께서 공생애 동안 하나님 나라의 복음을 전파하시고, 가르치시고, 백성의 모든 병과 모든 약한 것을 치유하셨다. "복음 전파, 가르침, 치유"로 요약되는 그리스도의 사역은 인간의 "영, 혼, 육"을 전인적으로 회복하는 구원 사역이다. 이런 의미에서 장단기 의료선교는 복음 전파를 통한 영혼 구원의 사역뿐 아니라 육체적 질병으로 고통당하는 사람들의 모든 연약함도 함께 치유하고자 하는 전인적 선교 사역이라 할 수 있다. 물론 그리스도의 몸인 교회의 지체로서 모든 그리스도인은 그리스도께서 이 땅에서 행하신 사역에 헌신할 사명이 있다. 21세기 선교 현장에서 이러한 전인적 선교를 도전하는 『단기 의료선교의 새로운 패러다임을 찾아서』는 전인적 선교 사역에 헌신하고자 하는 모든 그리스도인에게 큰 귀감이 될 것이다.

김필균 주안장로교회 의료선교회 담당목사

이제 한국교회는 그동안 축적된 해외 선교의 노하우를 본격적으로 공유할 필요가 있다. 선교는 한 세대만 할 것이 아니다. 다음 세대도 계속해서 선교를 잘하기 위해서는 그 노하우를 전할 수 있어야 한다. 한국교회는 의료선교 분야에서도 많은 기여를 해왔다. 그동안의 경험에 비추어 보다 발전적인 방안을 찾는 노력을 기울일 필요가 있다. 이 책은 특별히 단기 의료선교의 노하우를 세밀하게 정리하고 있다. 이 분야에 오랜 경험을 가진 필진이 의료선교에 관한 중요한 질문들을 던지며, 그 질문들에 스스로 최선의 해답을 찾는 노력을 기울이고 있다. 단기 의료선교에 참여하는 사람들이 이 책을 통해 적극적으로 배우면서 보다 전문적으로 맡은 일을 감당할 수 있기를 바란다. 그렇게 할 때 진정한 의미에서 "숙고하는 실천가"(reflective practitioner)의 모습을 보일 수 있을 것이다.

문상철 한국선교연구원(kriM) 원장

맞다. 지금 선교지의 상황은 변해도 아주 많이 변하고 있다. 그동안 그래도 가장 가능성 있고 선교지 입국이 비교적 안전한 사역이 의료선교였는데, 그조차도 갈수록 상황이 어려워지고 있다. 그럼에도 불구하고 단기 의료선교의 기회는 예전과 크게 다르지 않게 길이 열려 있다. 단기 의료선교의 기회를 어떻게 가장 지혜롭게, 가장 효율적으로 운용하느냐가 관건이다. 긴 세월 동안 선교 현장을 경험했던 이들이 이런 사역에 도움이 될 안내서를 발간하게 된 것은 시의적절하고 감사한 일이다. 경험을 나누는 것, 남의 경험을 겸손하게 수용하여 자신의 시행착오를 줄이는 것은 삶의 지혜일 것이다. 이 책을 읽고, 배움으로써 더욱 역동적으로 의료를 통한 선교의 지경을 넓히는 일에 더 많은 의료인들이 동참하기를 기대해 본다.
유병국 WEC 국제동원 대표

한국의 단기 의료선교가 한 세대를 지났습니다. 한 세대를 30년으로 친다면, 한국의 의료선교가 활발해진 것이 1980년대이니까 꼭 한 세대를 지났다고 볼 수 있습니다. 이 책은 지나간 첫 세대 동안 한국의 단기 의료선교를 돌아보며 잘한 점들과 부족한 점들을 고찰하고 총정리하고 있습니다. 무엇보다 이 책은 베테랑 의료선교사들과 단기 선교를 하는 교회 및 참가자들이 함께한 연합의 결과물이기에 그 가치가 더합니다. 단기 의료선교는 이제 선교 전략과 사역의 중요한 부분이며, 지속적이고 반복적인 사역은 교회 개척과 제자 사역의 열매를 거둘 수 있다는 모델도 나오고 있습니다. 단기 의료선교를 하는 모든 이들이 꼭 읽어야 할 훌륭한 책입니다.
전희근 미주 기독의료선교협의회 초대회장 및 현 이사장

1989년 제1차 의료선교대회 이후로 한국의 의료선교는 눈부시게 발전하여 하나님께 영광을 돌리고 있다. 특히 단기 의료선교 사역의 활성화로 이제는 장기 선교사와 협력하여 장기 사역의 결과를 맺는 단계에 이르렀다. 그러나 단기 의료선교의 무분별한 수행으로 그 의미가 퇴색되면서 단기 선교 무용론까지 등장하는 상황에 이르렀다. 우리는 장기 선교의 기본 단계가 무너지는 것을 막기 위해 단기 선교 가이드북을 만들게 되었다. 이 책은 단기 선교의 정의와 방법과 방향을 제시하고 단기 선교 참가자들과 현지인들의 소감을 싣고 있어서 단기 선교의 길라잡이로 큰 도움이 될 것이다. 미주와 호주와 해외에 흩어져 있는 한인 의료인들에게도 큰 도전과 도움이 되는 하나님의 도구가 되기를 기대한다.
이건오 전 한국기독교의료선교협회장

해외 단기 의료선교를 시작한 지 36년이 지났습니다만 이제서야 단기 선교가 보이기 시작합니다. 이 한 권의 책을 통해 단기 선교를 더 사랑하게 되리라 믿습니다. 나태주 시인의 시 '풀꽃'이 생각납니다. "자세히 보아야 예쁘다. 오래 보아야 사랑스럽다. 너도 그렇다."
박상은 샘병원 대표원장, 한국기독교의료선교협회장, 아프리카미래재단 대표

"구슬이 서 말이라도 꿰어야 보배"라는 속담이 있듯이, 각 선교단체와 교회의 의료선교부에서 시행하는 단기 선교, 특히 의료선교에 대한 훌륭한 자료들이 일목요연하게 정리된 교과서 같은 책이 세상에 나오게 되어 참으로 기쁘다. 이 책은 마치 단기 의료선교 도서관에 온 것 같은 느낌을 주고, 다양한 단기 의료선교의 모델을 보여 줌으로써 이에 대한 지평을 넓혀 준다. 여기저기 산재해 있던 보배들을 잘 다듬고 정리하여 쓸모 있는 보배로 내놓은 분들이야말로 하나님 나라

의 보배들이다. 아쉬운 점은 제1부에서 간호사 선교사가 바라본 단기 의료선교에 대한 글이 없는 것이다. 그러나 이 책이 단기 의료선교에 관심 있는 간호사들과 간호대생들에게 도움이 될 만한 자료로서 부족함이 없는 책이라고 생각한다.

정순화 대한기독간호사협회 회장

2014년 미국 남침례교단의 선교 헌신자 470명 중 55퍼센트가 단기 선교 헌신자였습니다. 선교지에서 현지인들에게 가장 필요한 것이 무엇인가에 따라 선교사의 직업도 달라졌는데, 이제는 전문인이 더욱 필요한 때가 되었습니다. 교통 수단과 인터넷의 발달로 이 세상은 점점 좁아져 가고, 직업을 가진 전문인들이 단기 선교를 통해서 장기적 영향(long-term impact)을 줄 수 있다고 생각합니다. 여러 분들의 지혜로 출판된 『단기 의료선교의 새로운 패러다임을 찾아서』가 좋은 길잡이가 될 줄 믿습니다.

정수영 미주 의료선교협의회 회장

단기 의료선교와 관련하여 준비과정 및 현장에서 여러 문제와 단점들이 제기되는 이 시기에 의료선교를 준비하는 젊은 의료인 및 청년들에게 단비 같은 귀한 책이 발간되었다. 특히 2부에 걸쳐 소개되는 현지에서 단기 선교를 경험한 의료선교사들, 참가 팀원들과 단기 사역을 받은 현지인들의 경험 및 고민은 단기 의료선교에 새로운 패러다임의 변화를 제시하리라고 믿는다. 이 책을 발간하기까지 여러 수고를 아끼지 않았음에 감사드리고, 많은 단기 의료선교 헌신자들이 필독하기를 권한다. 이제 의료라는 도구를 통하여 고치고, 가르치고, 전파하는 예수님의 제자들이 수없이 늘어나기를 기도한다.

박승천 대양주 의료선교협회 이사장, 헬스케어 포커스 메디컬 센터 대표

1990년대 초반 태국 카렌 난민촌을 시작으로 지난 25년 동안 64차례의 단기 치과 의료선교(임팩트 팀)를 실시하며 우리가 경험하고 얻은 것 가운데 하나는, 하나님은 준비된 팀 가운데 더 놀라운 은혜를 베푸신다는 사실입니다. 준비에 실패하는 것은 곧 실패를 준비하는 것입니다. 이 책을 통해 단기 의료선교로 열방을 섬기는 한국교회와 단체 가운데 부어 주실 하나님의 은혜를 사모하며 풍성한 열매를 기대합니다.

김명진 치과의료선교회 회장

2002년 이후로 해외 단기 의료선교를 30회 이상 다녀오면서 저와 한국누가회 선교부는 두세 나라에서 특별한 목적에 집중된 의료선교를 시도해 왔습니다. 몽골에서는 한 지역병원을 10년 이상 팀으로 방문하여 현지 의료진을 훈련하고 다시 한국에서 수련하는 방식으로, 인도와 인도네시아에서는 수년간 단기 선교와 맞물린 지역교회 개척 사역으로, 캄보디아와 베트남에서는 현지 선교병원과 팀워크를 이뤄 발전을 도모하는 전략을 채택해 왔습니다. 이 책은 저희의 경험이 함께 녹아 있는 결과물의 일부입니다. 기술적으로든, 영적으로든 제대로 준비된 단기 선교는 분명한 열매를 맺도록 예수님께서 이끌어 주십니다. "내가 그 안에 거하면 사람이 열매를 많이 맺나니, 나를 떠나서는 너희가 아무것도 할 수 없음이라"(요 15:5).

김창환 한국누가회 회장, 인하대학교 의과대학 교수

단기 의료선교의 새로운 패러다임을 찾아서

단기 의료선교의
새로운 패러다임을 찾아서

심재두·김용재·서강석·우상두·박경남·우석정·이대영·이순신 지음
심재두 기획 편집

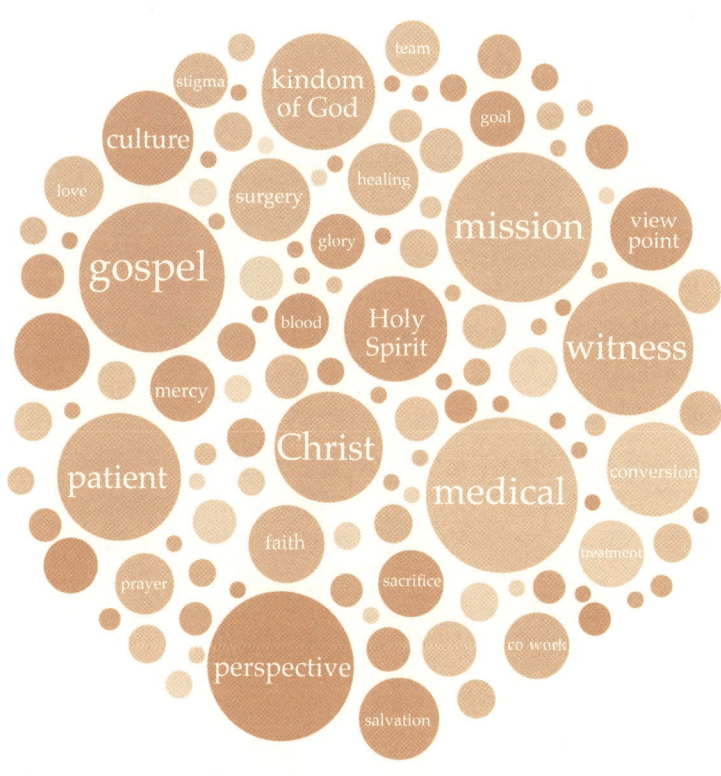

좋은씨앗

단기 의료선교의 새로운 패러다임을 찾아서

초판 1쇄 인쇄 | 2016년 9월 19일
초판 1쇄 발행 | 2016년 9월 29일

지은이 | 심재두·김용재·서강석·우상두·박경남·우석정·이대영·이순신
엮은이 | 심재두
펴낸이 | 신은철
펴낸곳 | 좋은씨앗
출판등록 제4-385호(1999. 12. 21)
주소 | (06753) 서울시 서초구 바우뫼로 156, 402호
주문전화 | (02) 2057-3041 주문팩스 | (02) 2057-3042
페이스북 | www.facebook.com/goodseedbook

ISBN 978-89-5874-268-5   03230

이 책의 저작권은 〈좋은씨앗〉에 있습니다.
신저작권법에 의하여 보호를 받는 저작물이므로 무단 전재와 복제를 금합니다.

예수께서 모든 도시와 마을에 두루 다니사 그들의 회당에서 가르치시며
천국 복음을 전파하시며 모든 병과 모든 약한 것을 고치시니라.
- 마태복음 9:35 -

차례

이 책이 나오기까지 _ 심재두 • 12

1부 단기 의료선교란 무엇인가? • 17

1장 의료선교사의 관점으로 본 단기 의료선교 총론 _ 심재두 • 19
2장 단기 의료선교는 꼭 필요한가? _ 김용재 • 73
3장 단기 의료선교, 하나님의 도구여야 _ 서강석 • 87
4장 단기 선교에 임하는 자세 _ 우상두 • 103
5장 단기 의료선교의 새로운 패러다임을 찾아서 _ 박경남 • 113
6장 단기 의료선교, 이대로 좋은가? _ 우석정 • 127
7장 단기 의료선교에 대한 제언 _ 이대영 • 139
8장 단기 의료선교를 바라보며 _ 이순신 • 159

2부 단기 의료선교 참여자 소감문 • 167

참여 학생 소감문 • 참여 의료인 소감문 • 현지인 반응

부록 교회연합 의료선교세미나 및 단기 의료선교 포럼 자료 • 243

남서울교회 • 명성교회 • 새문안교회 • 소망교회 • 영락교회 • 오륜교회

온누리교회 • 주안장로교회 • 지구촌교회

광주동명교회 • 광주양림교회 • 광수뿔쌍교회

이 책이 나오기까지

해마다 수많은 교회와 기관이 단기 선교에 참여한다. 생업을 잠시 접고 시간과 재정을 들여 도전하는 단기 선교의 뜨거운 열정과는 대조적으로 이에 대한 지침이나 자료는 많이 부족하다. 특히 단기 선교에서 많은 비중을 차지하는 단기 의료선교는 의료라는 공통점이 있음에도 불구하고 많은 정보와 경험을 공유하지 못하고 집약적으로 정리된 자료도 찾아보기 힘들다.

2014년부터 서울 지역에서는 영락교회를 중심으로 "교회연합 의료선교 세미나"를 진행해 왔다. 전남 광주 지역에서는 "단기 의료선교 포럼"을 진행해 왔다. 이 세미나와 포럼에 참석하면서 나는 단기 의료선교를 준비하는 이들을 위한 책이 필요함을 절실히 느끼게 되었다.

그동안 단기 의료선교가 해온 역할과 기여는 일일히 기록으로 모아 정리되지 않았을 뿐 많은 감동과 간증을 남겼으리라 생각한다. 단기 의료선교에 참여한 지체들은 은혜와 감동을 받고, 선교지와 현지 선교사들은 다양한 도움과 지원을 받으며, 현지인들은 의료 혜택을 받게 된다. 단기 의료사역을 시행한 교회와 기관의 보고에 따르면, 많은 환자들을 진료하고 도와준 것을 알 수 있다. 이런 긍정적인 부분도 많지만 부정적인 부분도 축적되어 왔다.

선교 없는 진료 봉사, 단기 의료선교 참여자들이 지치기만 하고 선교에 부정적이 됨, 현지에 의약품과 의료기구를 가져갈 때 통관 문제, 현지인들에게 한 처치의 부작용과 약의 남용과 오용, 준비하고 섬기는 장기 선교사들과 현지인들에게 부담이 됨, 한 지역에 여러 단기 팀이 몰리면서 생기는 문제점, 처치 후 사후 관리의 미비 같은 문제가 속속 제기되고 있다.

서울에서 열린 세미나와 광주에서 진행된 포럼에서 이 같은 문제들이 제기되었다. 많은 교회와 기관이 공통으로 겪고 있는 문제이므로 이에 대한 내용을 책으로 펴내고 함께 기도하면서 해결해 나가면 좋겠다는 제안이 있었다. 이에 현지 선교사들과 참여자들의 소감문, 그리고 교회의 단기 의료선교 자료와 현지인의 반응을 모으게 되었다.

이 책을 펴내면서 '단기'라는 말을 정의하기가 쉽지 않았다. 이를 정의할 개념이나 기준이 분명치 않았고 정확하게 설명하는 것도 쉽지 않았다. 선교학자와 선교사들에게 물어봐도 다양한 의견이 존재할 뿐, 학문적인 관점에서 정리하는 것이 어려웠다. 그래서 기간을 다루지 않고 현지에서 선교하고 진료한 내용을 중심으로 책을 편집했다.

이 책을 준비하면서 단행본 외에 단기 의료선교 홈페이지를 만드는 일이 필요함을 알게 되어 만드는 중이다. 교회와 단체들이 단기 의료선교를 다녀온 후에 자료들을 이 홈페이지에 올리면, 다른 팀들에게 도움이 될 것이다. 필요하다면 단기 선교를 다녀온 팀과 접촉하여 현지의 통관 문제, 상황, 필요와 기타 정보를 더 받을 수도 있을 것이다.

어느 교회 팀은 현지에서 사용하고 남은 약을 한국에 다시 가져왔다고 한다. 만약 남은 약을 현지에 잘 보관하고 다음 팀에 연결해 주면 그 팀은 약을 가져가는 수고를 줄일 수 있을 것이다. 의료 장비와 다른 부분에서도 그런 협력과 나눔이 이뤄지기를 바라는 마음에서 이 홈페이지 만드는 것을 추진하려고 한다. 현대의 선교는 파트너십과 관계를 통한 시너지(상승)로 사역 방법의 패러다임이 변하고 있다. 단기 의료선교에서도 이러한 패러다임의 변화를 효과적으로 적용하여 궁극적으로 하나님께 영광이 되기를 소망한다.

이 책에 대해 몇 가지 알아야 할 사항이 있다. 이 책에 실린 (초)단기 의료선교에 관한 내용은 각 사람의 관점과 경험을 담은 것이므로 공식화하기 어렵다. 공식화하려면 연구와 토론이 필요하다. 보안 지역의 이름은 기호나 영문 이니셜로 표시했고, 현지인 이름은 가명을 사용했다. 그리고 자료를 모으는 데 오랜 시간이 걸려서 소감문을 쓴 학생들이 그 사이에 졸업한 경우도 있다. 부득이하게 그 글을 쓴 시기를 기준으로 하여 학생으로 분류한 것을 이해해 주기 바란다. 또한 시간이 지남에 따라 내용이 현재의 상황과 일치하지 않을 수도 있다. 선교지의 시간은 항상 변하고 있다.

이 책은 연합하여 만든 작품이다. 이 책이 나오기까지 관련된 원고를 제공해 준 여러 교회와 많은 분들에게 깊이 감사드린다. 한 분 한 분의 동의서를 받고 원고를 다시 수정하고 사진을 넣는 작업이 그리 간단하지는 않았으나 많은 분들이 기꺼이 도와주어 이 책이 나올 수 있었다. 이 일에 수고해 준 좋은씨앗 출판사에도 감사드린다.

이 작은 책이 단기 의료선교를 하는 모든 교회와 기관에 도움이 되고, 참여하는 이들에게도 유익하며, 선교 현지에도 지원이 되기를 간절히 바란다.

기획 편집자 심재두

1부
단기 의료선교란 무엇인가?

1장

의료선교사의 관점에서 본 단기 의료선교 총론

심재두

심재두 선교사는 고등학교 3학년 때 의료선교사로 서원했다. 경희대학교 의과대학을 졸업하고, 경희의료원에서 내과 전문의 과정을 마쳤으며, 한국누가회 간사 대표를 역임했다. 1992년 전문인선교훈련원(GPTI) 훈련을 마치고 1993년에 원동교회 파송으로 개척선교부(GMP) 선교사로 알바니아에서 교회 개척과 의료 사역으로 섬겼다. 안식년 이후 2015년부터 국내에서 의료선교협회 총무로서 의료선교네트워크 7000운동(www.7000m.org)을 시작했다. 현재 한국의 의료선교 시스템을 만들고 교회 의료선교부와 선교 지향 기관 및 의료인들을 연결하고 촉진하는 역할을 하며, 의료선교의 경험을 한국에 되돌리기 위한 저술과 사역을 하고 있다.

단기 선교의 성경적 기초

새로운 선교지에서 개척의 삶을 사는 의료선교사들은 두렵고 떨림으로 사역에 임하게 된다. 그래서 더욱 하나님의 말씀을 묵상하게 된다. 사역하면서 말씀 묵상을 통해 얻은 통찰을 단기 선교에 접목해 보았다.

1) '예수님의 3대 사역'을 단기 선교에

예수님은 이 땅에 오셔서 선교사의 삶을 사셨다. 서른 즈음에 선교의 일을 시작하고 완성하셨다. 소위 '3대 사역'이라고 일컫는 '가르치고 전파하고 고치는' 사역을 하셨다. 이것은 모든 선교사가 자신의 배경과 은사와 상관없이 해야 하며 실제 현장에서도 그러할 것이다. 장기 선교사든 단기 선교사든 3대 사역을 중심으로 섬겨야 하고 균형을 갖춰야 한다.

의료 사역에만 집중하느라 시간이 부족하다는 이유로 가르치고 전파하는 사역을 소홀히 하면 안 될 것이다. 단기 사역을 할 경우에도, 자기 교회와 팀을 살피고 현장의 필요가 무엇인지 살펴서 3대 사역의 균형을 이루도록 해야 한다.

내가 속해 있는 알바니아 개척선교부 샬롬 팀에도 많은 단기 팀이 와서 사역했다. 대학생들은 전도 중심의 사역을 했고, 함께 온 교역자들은 알바니아 대학생과 성도를 가르쳤으며, 의료 팀은 진료를 하면서 전도했는데 진료 후에 환자들을 방문하거나 복음을 전했다. 그리고 의료인이 아닌 팀원들은 현지인들과 다양한 활동과 만남을 가지면서 전도했다.

2) '온 성과 촌에 다니며'를 단기 선교에

지역적인 측면에서 보면, 예수님의 사역은 단기 선교의 연속이라고 할 수 있다. 예수님은 한 지역에 오래 머물지 않으시고 온 성과 촌에 다니며 3대 사역을 하셨다.

장기 사역자들은 한곳에 베이스를 두고 목회적 선교를 하지만, 단기 선교는 예수님처럼 여러 지역에서 사역할 수 있다는 장점이 있다. 요즘은 단기 선교도 사역의 지속성과 사후 관리를 위해 한 지역을 정하여 지속적으로 사역하는 경우가 늘고 있는데, 단기 팀도 시간의 제약을 넘어서 여러 지역에서 사역하는 것을 추천한다. 만약 매년마다 한 나라를 계속 간다면 갈 때마다 새로운 지역도 포함하여 사역하면 좋을 것이다.

사마리아 단기 선교

요한복음 4장에 나오는 예수님의 사마리아 수가성 사역이 단기 선교의 좋은 모델이라고 생각한다. 예수님은 3년이 넘는 장기 선교를 하셨지만 단기로 수가성을 방문하여 사역하셨고 하루만에 귀한 결과를 만드셨다. 예수님이 사마리아 수가성에서 하신 사역과 현대의 단기 선교를 다음과 같이 분석하고 비교해 보았다.

	예수님의 단기 선교	현대의 단기 선교
지역	사마리아(유사한 문화)	같은 문화부터 다른 문화까지
도시	수가 – 사마리아 도시	도시와 비도시
목적	목적이 분명함	목적이 분명해야 함
여정	육신이 지침	가는 동안 피곤함
가는 방법	도보	비행기, 차, 배, 도보 등
만남의 대상	여인	여인과 아이들이 많음
접근 시작	대화와 요청	현지 상황에 따라 다름
기간	대화 시간 하루, 총 2-3일	단기
동행자	제자들	교인들과 현지 선교사와 현지인들
진행	일대일 대화, 물, 가르침	대화, 모임, 의료, 교육, 봉사 등
어려움	문화적, 역사적 장벽	언어, 환경, 문화, 비자, 종교, 제한국가
대화 내용	하나님의 선물과 생수	영과 삶의 대화
종교성	구약의 야곱 역사 인용	종교 역사가 존재할 수 있음
영적 도전	남편을 불러오라 – 죄 문제	다양한 영적 도전과 대결
중간 단계	선지자로 인정 – 남편 문제를 깨달음	단기 선교자를 좋은 사람으로 인정
최종 단계	영적 단계까지	전 단계(pre-faith)에 머물면 안됨
역사	사마리아인의 신앙과 역사	선교사의 경험이나 다양한 종교 역사
예배의 중요성	하나님을 예배해야 함을 보여 줌	현지인이 하나님을 알고 예배하도록 해야 함
예배의 방법	하나님을 영과 진리로	영과 진리로 예배하도록 가르쳐야 함
대화의 변화	물 → 선지자 → 메시아	대화하면서 예수님을 소개해야 함
사역의 목표	메시아를 영접할 때까지	예수님을 영접할 때까지 계속 노력해야 함
결과	여인의 구원과 삶의 변화	구원, 교회 개척, 제자 삼기 등
집중	사람에 집중	사람보다 프로그램에 집중하기 쉬움
방문 이후	그 후에 방문했는지 모름	반복 방문을 추천
기록	성경에 기록됨	교회와 선교 현장에 기록이 남음

1. 단기 사역은 복음 전파를 위해

예수님은 3년이 넘는 공생애 동안 갈릴리에서 예루살렘으로 계속 다니며 하나님 나라가 가까이 왔다고 외치셨다. 그러나 마태복음 10장에서, 예수님은 열두 제자를 보내시며 이방인의 길로도 가지 말고 사마리아인의 고을에도 들어가지 말라고 명하셨다. 그런데 정작 예수님은 사마리아 수가성에 가셨다. 왜 그러셨을까? 그곳에도 복음을 들어야 할 사람들이 있었기 때문이다. 이것은 선교사들이나 단기 팀이 우선적으로 선호하는 지역을 넘어서 복음을 듣지 못한 사람들이 있는 다른 지역으로 가야 함을 보여 준다.

2. 단기 선교와 문화

사마리아는 유대인에게 아주 낯선 지역은 아니다. 아마 언어가 통했을 것이다. 단기 선교 사역은 한국이 아니라면 거의 유사한 문화가 아니다. 그래서 언어적으로나 문화적으로 많은 어려움이 있다.

3. 단기 선교의 목적

사역의 목적이 분명해야 한다. 목적이 분명하지 않으면, 사역을 준비할 때 혼란스럽고 좋은 결과를 기대하기 어렵다. 필요하다면 사명선언문과 비전선언문을 작성하는 것도 좋다.

4. 단기 선교와 피곤

예수님도 피곤하셨다. 단기 사역은 일정 기간에 많은 사역을 계획하고 요구받기 때문에 피곤할 수 있다. 의료 사역은 더 피곤할 것이다. 그러나 우리는 피곤함에 제한받지 않고 목표를 이뤄야 한다. 예수님은 아주 더운 한낮에 수가성에서 한 여인을 만나셨다. 오늘날 선교지에서 우리는 매우 다양한 사람들을 만날 수 있다. 예수님이 사마리아 여인을 피하지 않고 직면하신 것처럼, 우리도 단기 선교에서 만나는 모든 이들과 대화하며 복음을 전해야 한다. 우리 기준에 맞지 않는다고 해서 피하려고 하면 안 된다.

5. 단기 선교와 대화

예수님은 물을 달라는 요청으로 대화를 시작하셨다. 그리고 오랫동안 여인과 대화하셨다. 그 결과 여인은 메시아를 만나게 되었다. 단기 선교에서 중요한 것은 프로그램 진행보다는 대화를 하는 것이다. 그곳이 길이든 커피숍이든 집이든 간에 장소와 시간에 상관없이 대화를 많이 하며 그들의 삶과 영 속으로 들어가야 한다. 예수님 당시와 달리 오늘날 언어와 문화가 많이 다른 지역에서는 대화하기가 쉽지 않으나 여러 준비와 노력과 지혜로 극복할 수 있다. 단기 사역을 하면서 매우 다양한 방식으로 대화를 할 수 있다.

6. 단기 선교와 장벽

예수님이 사마리아 여인과 대화를 하실 때 문화적, 역사적 장벽이 있었던 것처럼 단기 사역에도 복음 전파를 방해하는 여러 요소가 존재한다. 예수님은 그런 요소들을 충분히 인지하셨을 것이다. 단기 사역을 할 때 현지에 대한 정보와 지식을 미리 쌓고 준비하여 그런 요소들을 뛰어넘는 전략으로 사역해야 한다.

7. 단기 선교에서 사람들을 만나 대화할 때 중요한 점

우리는 예수님이 대화를 통해 수가성 여인을 전도하는 과정과 그 여인의 변화된 모습에서 중요한 것을 배울 수 있다.

❶ 죄 문제

예수님은 수가성 여인에게 "네 남편을 불러오라"고 말씀하셨다. 그 여인의 개인적인 문제일 수도 있고 당시의 시대적 문제일 수도 있지만 그녀에게는 다섯 남편이 있었다. 게다가 새로운 남편도 있었다. 예수님은 그 문제를 직접 언급하셨으며, 남편이 없다고 말한 그녀의 부인을 받아주셨다. "네 말이 참되도다." 그들이 그녀에게 진정한 남편, 즉 그녀의 마음과 삶을 진정으로 받아 주고 이해하는 남편이 아닌 것을 아셨다.

예수님은 그 문제를 신적으로 아신 것으로 추측된다. 이것은 뽕나무에 올라간 삭개오의 이름을 아신 것과 무화과나무 아래 있었던 나다나

엘을 아신 것과 유사하다. 또한 여인의 표정, 언어, 복장, 태도 등에서 그녀의 일반적인 상황, 즉 목마른 것과 삶의 어려움을 발견하셨을 것이다. 우리도 단기 사역을 할 때 현지인과 대화하면서 성령의 인도하심으로 깨닫게 되는 부분과 우리의 세밀한 관찰과 사전 준비 등으로 그 지역과 사람을 이해하고 접근할 수 있다.

단기 선교는 기간이 짧기에 현지의 문제와 상황을 그냥 넘어가고 표면적인 사역만 하고 돌아오기 쉽다. 일정 부분 그런 사역들은 현지에서 오래 사역해 온 장기 선교사의 사역일 수 있다. 하지만 단기라는 시간적 제약이 있어도 섬기는 대상에 대한 관심과 배려를 통해 그 한계를 극복할 수 있게 되기를 소망한다.

현지의 문제들을 직면하고 그것에 도전하는 것은 복음 전파에서 아주 중요하다. 더 나아가 그들의 죄 문제를 피하지 않고 지적하는 것이 필요하다. 이때 그들의 자존심에 상처를 주면 안 되고 그들을 이해하는 편에서 접근해야 한다. 죄 문제를 지적할 때 지혜가 필요하다. 순간적이고 순발력 있는 지적과 공감을 사용하는 것이 좋다.

❷ 선지자

수가성 여인이 "주여, 내가 보니 선지자로소이다"라고 고백한다. 자신이 겪는 문제의 핵심을 아는 이를 선지자로 인정한 것이다. 이 부분이 또 하나의 중요한 분수령이라고 할 수 있다. 여인이 예수님을 선지자로 인정하고 칭찬하는 것은 분명히 처음보다 나아진 것이다. 그러나 거기에 머물러서는 안 된다. 예수님은 선지자 이상의 분이시기 때문이다.

단기 사역을 하면 현지인들에게 칭송을 듣고 고맙다는 말을 듣게 된다. 다음에 또 와 달라는 말을 듣기도 한다. 그럴 때 주의해야 한다. 우리의 목적은 칭찬을 듣거나 좋은 사람 혹은 좋은 단체라는 말을 듣는 것이 아니기 때문이다. 우리의 사역 목적을 분명히 함으로써 그런 칭찬의 단계를 넘어 다음 단계로 넘어가야 한다.

❸ 예배

이제 수가성 여인과의 대화는 예배의 내용으로 넘어간다. 사실 그 연결이 애매하다. 남편 이야기를 하다가 마치 주제를 바꾼 것처럼 보이지만 실제로는 그녀가 생수를 넘어 평소 생각하던 마음속 깊은 이야기를 표현한 것으로 보아야 한다. 현지인과 대화를 하다가 마음속 깊은 이야기, 특히 하나님에 대한 이야기가 나오면 대화를 성공적으로 이끈 것이다.

그런 대화에서 사람들의 영적 관심을 엿볼 수 있다. 사람들은 평소에는 일상에 매여 살지만 영적 관심으로 유도하여 대화하다 보면, 결국에는 영적 호기심을 넘어 하나님에 대한 관심을 드러낸다. 사람은 영적 존재이기에 우리의 영과 내면은 영원히 경배할 수 있는 대상을 끊임없이 추구하며 찾는다.

사람들은 하나님이 어떤 분이신지 잘 모르며, 자신의 이해 방식으로 하나님에게 접근하는 경향이 있다. 수가성 여인을 비롯한 그 지역 사람들은 일정한 장소와 지역을 거룩하게 구별하고 그곳에서만 하나님을 만날 수 있다는 전통에 익숙했다. 그런데 예수님은 하나님을 진실로 섬기는 법을 설명해 주신다. 지금 바로 그리고 어느 때든지 하나님을 섬길 수 있으며, 하나님은 영과 진리 곧 성령과 진리의 말씀으로 그분을 예배하는 자들을 찾으신다는 메시지를 전해 주신다.

❹ 최고의 선물 예수님

여인은 "메시아 곧 그리스도라 하는 이가 오실 줄을 내가 아노니 그가 오시면 모든 것을 우리에게 알려 주시리이다" 하고 스스로 고백한다. 자신의 영적 관심을 표현한 것이다. 영적 소원을 말한 여인에게 예수님은 기꺼이 자신이 그리스도이심을 드러내신다. 예수님은 여인에게 최고의 선물이요 생수가 되어 주셨다.

장기 사역을 하든 단기 사역을 하든, 이 마지막 단계를 생략해서는 안 된다. 성령이 역사하심으로 그들이 구원자를 찾고 예수님을 만나도록 인도하는 것이 장기 사역자들과 단기 사역자들이 끝까지 완성해야 할 사역이다. 우리가 줄 수 있는 최고의 선물은 바로 예수님이다.

8. 믿음의 전 단계 : 머리, 가슴, 섬김으로 받아들이는 믿음

선교의 목적은 복음의 역사가 일어나 현지인들이 예수님을 믿게 되는

것이다. 우리가 현지인들에게 접근하기 시작하면, 세 가지 믿음의 전 단계(pre-faith)가 발생하는 것을 경험하게 된다. 즉 머리로 받아들이는 믿음(Head faith), 가슴으로 받아들이는 믿음(Heart faith), 섬김으로 받아들이는 믿음(Hand faith)이다. (이 용어를 한글로 정확하게 표현하기 힘든 부분이 있음을 이해해 주길 바란다.)

예를 들어, 대학생들에게 복음을 전하면 그들은 예수님과 구원에 대해 지적 관심을 갖는다. 이것은 요한복음 3장에서 바리새인 니고데모가 영적 관심을 가진 것과 유사하다. 즉 Head faith다.

아주머니들이나 어린이들과 관계를 맺고 복음을 전하면 마음이 움직이는 Heart faith가 생기기 시작한다. 그들은 관계를 맺고 정이 쌓이면 복음을 받아들이는 것 같다. 수가성 여인도 자신과 대화해 주는 유대 남자에게 Heart faith가 생기기 시작해서 구원에 이른 것처럼 보인다.

병자들과 가난한 이들, 그리고 도움이 필요한 이들은 우리가 내미는 도움의 손길과 사랑을 통해 믿음이 생기는 것을 볼 수 있다. 즉 Hand faith다.

이 세 종류의 믿음은 과정이라고 할 수 있다. 이 단계에서 더 나아가 수가성 여인같이 영적 믿음이 생기는 자리까지 이르러야 한다. 고린도전서 12장 3절은 "성령으로 아니하고는 누구든지 예수를 주시라 할 수 없느니라"고 말씀한다. 선교 사역의 목적은 현지인들이 성령의 역사하심으로 이 세 단계의 믿음을 넘어 진정한 영적 믿음에 들어가는 것이다.

9. 한 영혼을 구하는 일에 우선순위를 두고 모든 에너지를 사용하라

제자들이 먹을 것을 구하러 동네에 들어간 사이, 예수님은 이 여인에게 집중하셨다. 그리고 그녀가 메시아를 발견하도록 이끄셨다. 우리가 의료 사역을 할 때는 많은 환자가 찾아오기 때문에 진료에만 모든 에너지와 시간을 사용할 수 있다. 그렇게 된 전후 사정을 꼭 비난할 수는 없다. 하지만 시간을 잘 배분하여 진료하는 시간을 다소 줄이더라도 복음을 전하고 말씀을 가르침으로, 한 영혼이 예수님을 만나도록 도와야 한다.

단기 의료선교에 참여한 사람들이 전도할 시간이 없어서, 한 영혼이 복음으로 변화되는 것을 보지 못하면 영적 감동을 잃어버린 채 진료 봉사만 했다고 할 수 있다. 현지인들에게도 진료만 했던 팀으로 기억될 수 있다. 복음을 전하는 것이 제한된 지역에서는 전략적으로 복음 제시를 안 하기도 한다.(제한된 지역에서의 전도에 관한 질문은 단기 선교 강의를 하면서 받은 질문에서 다루었다.) 하지만 현지 문화를 고려하여 처음부터 전도는 하지 않기로 계획한 것이 아니라면, 반드시 예수님처럼 복음을 전하여 수가성 여인 같은 회심자를 만나기 바란다. 혹자는 진료 팀은 진료를 하고, 선교 팀은 선교를 하는 것으로 분리하지만 실제로 단기 팀을 구성할 때 진료 팀과 선교 팀을 따로 구성하는 경우는 거의 없다. 참여하는 모든 사람이 처음부터 전도 훈련을 받고 전도와 진료, 그 밖의 다른 사역을 병행하는 것이 좋다.

단기 선교의 정의

개념을 정의하기가 쉽지 않은 것들이 있는데, 단기 선교도 그중 하나다. 단기 선교와 반대 개념인 장기 선교를 먼저 정의해 보자. 장기 선교는 선교사가 타문화 지역으로 가서 장기 사역을 하는 것이라고 정의할 수 있다. 여기서 장기는 보통 2년 이상을 의미한다. 현지에 정착하여 문화와 언어를 배우고 사역을 시작하여 목적을 이뤄 가려면 적어도 2년 이상이 걸리기 때문이다. 이 기준에 따르면, 2년 미만은 단기 선교로 분류할 수 있다. 일반적으로 단기 선교의 기준은 최소 6개월인데, 문제는 6개월 이하의 사역에 대한 것이다.

6개월 미만의 선교에 대한 논의는 많지만 실제로 정리된 것은 없다. 보통 휴가와 공휴일을 이용하여 가는 단기 선교를 '초단기 선교', '비전 트립', '초단기 사역', '단기 봉사'라 명명한다. 이와 다른 명칭을 도입하는 것이 쉽지 않고, 또 그럴 필요가 있는지도 의문이다.

어떤 사람은 '단기'와 '장기'라는 단어를 사용하지 말자고 주장한다. 어떤 형태로든 선교에 참여하는 것 자체가 중요하다고 말하는 사람도 있다. 기간으로만 보지 말고 현재 하고 있는 일의 중단성을 보자고 제안하는 사람도 있다. 즉 휴가나 방학 기간을 이용하여 가는 것이 아니라 자신의 직업을 내려놓고 사역하는 경우에는 기간에 상관없이 선교로 보는 것이 맞다고 주장한다. 삶의 우선순위를 선교에 두고 살아가면 선교사라는 것이다.

앞에서 말한 내용을 이렇게 정리할 수 있다.

1. 과거에는 거주의 개념이 있었지만 최근에는 비거주 선교사도 있고 국내에 들어와 있는 외국 노동자나 이민자들을 대상으로 사역하는 국내 선교도 선교사로 분류하므로 선교를 기간으로만 분류하지 말자는 주장이 있다.
2. 여전히 장기 선교는 2년 이상으로 정의하되, 2년 이하의 선교에 대해서는 열린 자세로 접근하자.
3. 2년 이하의 선교도 초단기 선교와는 구분해야 하므로 이에 대해서는 종합적인 연구와 토론이 필요하다.
4. 초단기 선교도 지속적으로 또는 반복하여 가는 경우에는 새로운 개념을 도입해야 한다.(단기 선교를 반복하면 장기 선교와 같은 결과를 낳을 것으로 보이며, 실제로 그런 결과가 보고되기도 했다.)

단기 선교의 의미

단기 선교의 정의에 대한 논의가 다양한 것처럼, 초단기 사역이 의미가 있는지에 대해서도 견해가 다양하다. 파송 기관과 참여자들에게 은혜가 된다고 말하는 사람도 있고, 단기 사역이 장기 선교사가 사역하는 선교지에 복이 된다고 말하는 사람도 있고, 그런 것을 평가하기에는 무리가 있다고 말하는 사람도 있다. 그래서 어느 한 견해를 무조건 지지하기도 무시하기도 쉽지 않다.

일단 우리가 인정할 것만 인정하고, 나중에 토론을 거쳐 학자들과 선교사들과 단기 팀들이 논의하여 적절하게 정리하는 것이 좋을 것 같다. 우리가 인정할 수 있는 것은 다음과 같다.

1. 기관과 참여자들과 현지에서 서로 협력하여 준비하면, 초단기 선교 팀도 현지의 필요에 부응하는 의미 있는 사역을 할 수 있다.
2. 사역과 더불어 모든 사람이 은혜를 받을 수 있고, 선교의 참여와 헌신에 도전을 받기도 한다.
3. 너무 프로그램화되어 있거나 헌신과 준비가 미흡하면, 자칫 생명을 전하는 선교의 본질을 놓칠 수도 있다.
4. 단기 의료 사역에는 여러 가지 부작용이 생길 수 있으므로 이를 최소화할 수 있는 대책을 세우고 준비한다.
5. 비록 초단기라 하더라도 현지의 법과 절차를 존중하고 이에 맞는 준비를 해야 한다.
6. 자체적으로 좋은 매뉴얼을 만들려고 노력하고 다른 기관과도 협력한다.

단기 선교의 동기

장기 선교의 근본 동기는 하나님의 부르심을 받아 땅끝까지 이르러 증인이 되는 것이다. 단기 선교와 초단기 선교의 동기도 장기 선교와 동일하지만 정도의 차이가 존재한다. 우리는 선교의 동기를 살펴보고 점검하며 분명하게 헌신해야 한다.

단기 선교나 초단기 선교 때 뜻밖의 사고가 일어날 수 있다. 우리는 샘물교회의 피랍 사건을 통해 이미 경험했다. 그러므로 장기 선교사처럼 유언장과 그 밖의 다른 서류들을 준비하는 것이 좋다. 선교기관의 연구보고에 의하면, 장기 선교사의 지원 동기가 다양하다고 한다. 지원서에 쓰는 동기(Written motive), 지원서에 쓰지 않은 숨겨진 동기(Hidden motive), 그리고 나중에 어떤 상황에서 나타날 수 있으나 현재는 설명이 안 되는 동기(Unexplained motive)가 있다고 한다. 단기 선교사와 초단기 선교사도 지원서를 쓰고 자신의 동기를 명확히 정리해 보는 것이 좋다.

단기 선교도 이중 삼중의 다른 동기를 가지고 올 수 있다. 알바니아에 온 단기 선교사들과 이야기를 나눠 보니, 여러 이유가 있었다.

- 한국에서 경험하지 못한 신앙의 깊은 체험을 하고 싶다.
- 가정 문제에 대해 하나님이 응답해 주시기를 기도하면서 서원하고 왔다.

- 죄 문제를 해결받고 싶다.
- 노처녀인데 하나님이 결혼할 상대를 주실 것을 믿고 왔다.
- 한국을 탈출하고 싶어서 왔다.
- 앞으로 직업 선택에 필요한 스펙을 쌓기 위해 왔다.
- 새로운 것을 찾고 있다.
- 과거에 헌신한 것을 이번에는 경험하고 싶다.
- 장기 선교사로의 부르심이 있는지 확인하고 싶다.
- 싱글 선교사로의 부르심이 있는지 확인하고 싶다.
- 큰 결정을 앞두고 하나님의 음성을 듣고 싶다.
- 아무런 생각 없이 왔다.
- 하나님에게 빚진 마음이 있어서 그것을 갚으려고 왔다.
- 유명한 선배를 만나고 싶어 왔고, 할 수 있는 한 선배를 돕고 싶다.

이런 마음과 생각으로 단기 선교에 참여하는 것을 비판하지 말아야 한다. 있는 그대로 이야기를 들어 주되 개인 상담과 멘토링을 통해서 믿음이 더하도록 돕고, 여러 교육과 준비 과정을 통해서 선교에 대해 배우도록 해야 한다. 그래서 선교에 헌신하는 마음과 현지인을 사랑하는 자세로 사역에 임하도록 도와야 한다. 단기 선교를 마친 후에도 그들의 동기가 어떻게 변했는지 사후 관리를 통해서 계속 믿음과 선교 안에서 자라 가도록 섬기면 좋을 것이다. 장기 선교사들은 단기 팀 개개인이 단기 선교를 지원한 동기를 알고 그들과 일대일로 대화하며 멘토링하는 것에 우선순위를 두면 좋을 것 같다. 단기 선교의 큰 목적 중 하나는 참여한 팀원이 성숙해 가는 것이다.

단기 선교의 분류

현장에서 많은 단기 사역을 경험하면서 단기 선교 팀의 목적과 내용에 따라 분류해서 정리한 적이 있는데, 그것을 종합해 보면 다음과 같다.

- 정탐 : 현지에 대한 정보 수집, 사역을 위한 준비와 개발이 목적이다. 현지에 선교사를 파송하기 전에 정탐하는 경우도 있다.

- 훈련 : 교회나 선교훈련원에서 진행하는 프로그램의 목적이거나 선교사로 나가기 전에 인턴십을 하기 위한 목적이다.

- 지원 : 현장 선교사의 사역을 지원하기 위한 목적이다. 교회 사역, 의료 사역, 그 밖의 다른 사역을 직접 지원하기도 한다. 이외에도 선교사 자녀 교육, 지역사회 개발, 현지인 지원 등 간접 지원도 포함된다.

• 사역 : 단기 사역이 직접 사역의 목적이 되기도 한다. 현지의 교회 개척, 제자 훈련, 지역사회 개발 같은 사역을 한다. 어느 지역을 지속적으로 방문할 계획이라면, 장기 사역이 가능하다.

• 구호 : 현지에서 발생한 위기와 난민 사역을 위해 특별하게 단기 사역을 하는 경우다. 대체로 NGO(비정부기구)가 구호활동을 하고 있지만, 현지 선교사들의 요청으로 교회나 선교기관이 직접 구호활동을 하며 사역할 수 있다.

• 방문과 관광 : 이것을 사역이라고 볼 수는 없다. 하지만 외국에 한 번 나가는 게 쉽지 않은 사람들은 현지나 주변 국가를 관광하기 원한다. 사역 기간 중 잠시 짬을 내어 관광하는 것을 비난할 수는 없지만 현지에서 즉흥적으로 결정하지 말고 사전에 계획하고 준비하는 것이 좋다.

• 현지인 교육 : 현지인을 위한 수술 교육, 기타 전문 교육을 목적으로 사역하는 것이다. 현지 병원에서 세미나를 열고, 수술을 시연하고, 현지인 의사들을 가르치는 것 등이 포함된다.

• 특별 목적 : 현지에서 어떤 프로젝트를 진행할 때 그 프로젝트를 주

도하거나 지원하기 위해 그곳에 가서 사역하는 것이다.

• 장기 선교사 되기 : 단기 사역의 궁극적인 목표는 선교지의 영혼을 섬기는 것이지만 동시에 단기 선교사 자신의 장기 헌신을 위한 하나의 도전과 결정일 수도 있다. 최근, 선교에 헌신한 선교사 지원자들은 일단 단기 선교를 경험하고 나서 장기 사역을 할 수 있는지 결정하려고 한다. 누가 장기 선교사로 헌신할지 알 수 없다. 각 사람이 단기 선교에서 좋은 경험을 하고 성령의 인도하심을 받아 장기로 헌신하게 되면 단기 선교가 매우 결정적 역할을 하는 것이다.

단기 선교의 목표

경험적으로 추천하는 단기 선교의 목표는 두 가지다.

첫째, 현지에 사람을 세우는 것이다.

꼭 많은 사람이 아니어도 좋다. 현지에 중요한 한 사람, 수가성 여인 같은 한 사람, 그 지역에 한 알의 밀알이 될 수 있는 제자를 세우는 것이다. 초단기 의료선교에서도 이 일은 가능하다. 사실 선교는 드라마와 같다. 연출과 기획을 맡으신 하나님은 단기 선교 팀이 현지에서 복음을 전할 때 그 가운데서 반응하는 이들을 준비하시며 최고의 드라마를 만들기 원하신다. 진료하고 전도하고 봉사하다가 복음에 반응하는 사람을 만나면 주님께로 이끌어 그 지역을 변화시킬 제자가 되게 하는 것이다.

이슬람 지역에서 전도한 적이 있다. 그곳에서 맨 처음에 만난 사람은 복음에 반응하지 않았는데 두 번째로 만난 과부가 예수님을 믿게 되었다. 예수님을 영접한 그 아주머니의 가정은 변화되었고 막내딸이 전임 사역자가 되었다. 그 아주머니는 나를 만나기 전날 밤에 꿈을 꾸었는데, 밖으로 나가서 만나는 사람을 집으로 들이라는 음성을 들었다고 한다. 다음 날 그 아주머니가 집 밖으로 나온 시간에 때마침 내가 거리를 지나고 있었다. 하나님이 일하시는 방식이 정말 놀랍지 않은가!

둘째, 단기 선교에 참여한 사람들이 변화되고 성숙하는 것이다.

그들이 하나님의 사랑과 선교에 대해 더 깊이 깨닫고, 하나님과 교회에 더 헌신되고, 다양한 모습으로 선교에 더 참여하도록 돕는 것이다. 그러려면 단기 선교에 참여한 사람들을 기쁨으로 돌보고 가르치며 각 과정마다 지원해 주어야 한다. 참여한 단기 선교의 감동과 결과를 유지하고 다음 단기 선교에도 참여할 수 있도록 격려하고 연결해 주어야 한다.

장기 선교의 전통적인 목표 : 교회 개척과 봉사

장기 선교의 전통적인 목표는 두 가지다. 즉 교회 개척과 궁핍한 이들에게 하나님의 사랑을 보여 주는 것, 즉 봉사다. 단기 선교에도 여러 목표가 있지만 장기 선교와 직접 관련이 있다면, 단기 선교의 전통적인 목표도 이와 동일해야 한다.

교회 개척은 교회 사역을 하는 선교사들과 함께하면 된다. 대부분의 한국 선교사들이 현지에 교회를 개척하는 것을 전제한다면, 단기 선교를 가는 지역에서 교회 개척 사역을 지원할 수 있을 것이다.

하나님의 사랑을 나타내는 것을 봉사로 본다면, 단기 팀이 머무는 동안 다양한 봉사에 참여할 수 있기에 장기 선교의 두 번째 목표에도 동참하게 된다.

전도가 최고의 목표가 되어야 하고 다른 일들도 그 목표에 집중되어야 한다. 단기 선교에서 교회 개척과 관련하여 가장 많이 하는 일이 전도다. 단기 선교의 분류에 따라 어느 정도 차이가 있지만 이 목표는 변할 수 없다. 다른 분류들은 항상 2차적인 것으로 여겨야 한다.

다섯 가지 실제 목표

선교의 전통적인 목표는 교회 개척과 봉사이지만, 선교 현장에서 사역할 때 선교의 실제적인 목표는 다음의 다섯 가지라고 할 수 있다.

- 영적 공허를 채움
- 질병 치료와 돌봄
- 가난의 극복
- 교육 제공
- 리더십 개발

내가 함께 사역했던 팀은 현지인들이 영적 공허에서 벗어나도록 돕기 위해 전도, 제자 양육, 다양한 연령별 사역과 교회 사역을 했다. 질병에서 벗어나도록 클리닉에서 진료, 교육, 예방을 실시했다. 가난에서 벗어나도록 선교사들이 개인적으로 도와주거나 비즈니스 선교사가 들어와서 비즈니스를 통한 선교를 시도했다. 또한 공식적인 기관을 세워서 도운 것은 아니지만, 영어 교육, 음악 교육, 신학 교육, 의료 교육, 치과 교육을 했고, 교육기관에서 교사로 섬겼다. 마지막으로 다양한 방법으로 현지인들이 리더십을 개발하도록 도와주었다.

단기 의료선교

단기 선교는 거의 의료선교를 동반하는 것 같다. 현지에서 의료선교는 호응이 좋다. 의료인이 별로 없고 의료 혜택을 거의 받지 못하는 가난한 지역일수록 더욱 그렇다. 한국에서도 1950년대부터 1980년대까지는 여름 방학과 겨울 방학을 이용한 의대, 치대, 한의대, 간호대 학생들의 진료 봉사가 큰 호응을 얻었다.

목회자 선교사들이 교회를 개척할 때 의료선교는 중요한 전도 수단이 되었다. 많은 목회자 선교사들이 장기 사역이 가능한 의사 선교사를 구했지만 쉽지 않았다. 때로는 간호사 선교사니 단기 의료선교사가 그 역할을 감당했다. 한국교회가 선교에 눈을 뜨고 해외여행이 자유화되면서 각 교회마다 단기 선교를 떠나기 시작했다. 단기 선교에 의료인들이 참여하면서 교회, 기독병원, 기관과 단체 및 개인이 주체가 된 단기 의료선교가 활발히 이루어졌다.

특히 1990년대에 이루어진 단기 의료선교는 참여한 의료인들에게 큰 도전과 감동을 불러일으켰다. 의료선교 사역을 하면서 찍어 온 슬라이드를 보여 주면, 보고하는 사람이나 듣는 사람이 모두 큰 은혜를 받았다. 이제 갓 치과의사가 된 한 자매가 동남아 지역에서 수일간 치과 진료를 하고 돌아와서는 2시간 가까이 열정적으로 보고하기도 했다. 당시 여러 모임에서 단기 의료선교에 대한 보고가 이어졌다.

2000년대 중후반까지 이런 단기 선교의 열기가 이어졌다. 장기 선교사의 수가 증가하면서 파송 교회와 단체들이 단기 선교의 목적으로 방문하는 일이 많아졌고, 현지 선교사들도 단기 사역을 많이 요청했다. 단기 선교가 교회와 단체들의 정례 프로그램으로 고정되어 여름 및 겨울, 설날과 추석 연휴에 단기 사역으로 방문하는 일이 많아졌다.

2010년 전후로 연중 프로그램으로서 이런 단기 선교의 횟수가 줄어들지는 않았지만 전과 같은 열정과 참여는 부족해지기 시작했다. 특히 교회에 젊은이들이 점점 줄어들면서 장년 중심이나 가족이 참여하는 단기 선교로 그 양상이 변해 갔다. 더불어 단기 의료선교에 대한 여러 의문과 질문이 구체적으로 제기되었다. 이미 많은 곳에서 그런 질의응답을 가진 경험을 기초로 단기 의료선교에 대해 살펴보고자 한다.

예수님과 많은 환자들

"예수께서 온 갈릴리에 두루 다니사 그들의 회당에서 가르치시며 천국 복음을 전파하시며 백성 중의 모든 병과 모든 약한 것을 고치시니 그의 소문이 온 수리아에 퍼진지라. 사람들이 모든 앓는 자 곧 각종 병에 걸려서 고통당하는 자, 귀신 들린 자, 간질하는 자, 중풍병자들을 데려오니 그들을 고치시더라. 갈릴리와 데가볼리와 예루살렘과 유대와 요단강 건너편에서 수많은 무리가 따르니라"(마 4:23-25).

많은 환자들이 예수님에게로 몰려들었다. 병자를 고치시고 귀신을 내쫓으시며 이적을 행하시는 것을 보고자 사람들이 예수님을 찾았다. 아픈 사람들을 데려오기도 했다. 예수님은 그들을 일일이 고쳐 주셨다.

예수님의 치유와 현대의 단기 의료선교

예수님이 병을 고치신 것과 오늘날의 의료선교를 직접적으로 비교하는 일은 간단하지 않다. 시대적, 지역적, 문화적 차이가 존재하기에 많은 요소들을 고려해야 한다. 하지만 단순한 일반적인 비교만으로도 배울 점이 있다.

첫째, 예수님의 치유는 기적을 기초로 하고, 오늘날의 의료선교는 현대 의학을 기초로 한다.

예수님은 의사 면허가 없으셨을 것이다. 당시는 면허의 문제가 아니라 의료가 발달하지 않아서 치료할 수 있는 병이 그리 많지 않았을 것이다. 그리고 예수님이 고치신 병은 당시 의학으로 진단하거나 치료하기 어려운 병들이 대부분이었을 것이다. 실제로 문둥병, 중풍병, 38년 된 병, 소경, 귀머거리, 벙어리 등은 진단에 따라 다르겠지만 현대 의학으로도 치료하기가 쉽지 않은 병들이다.

의료선교사들이나 단기 의료선교에 참여한 이들은 현지에서 치료하기 어려운 병을 가진 환자들을 만나게 된다. 외국에서 의사가 왔다고 하면, 진단을 한번 받아보고 싶고 혹시 한국이나 미국에 가서 치료받을 기회가 있을까 싶어 찾아오는 경우가 있다. 그들을 상담하고 진료하며 격려하는 일 외에 실제적인 치료로 연결하는 데는 많은 어려움이 따른다. 이따금 한국의 좋은 병원에 연결되어 무료나 실비로 치료받는 경우가 뉴스에 보도되지만 이것을 일반화하기는 어렵다.

결론적으로, 의료선교는 현대 의학을 십분 활용해야 하지만 예수님의 기적의 치유도 함께 구해야 함을 배우게 된다. 기도하며 성령의 역사를 구하라. 우리는 환자를 돌보지만 그들을 치유하시는 분은 예수님이시다.

둘째, 예수님은 일부러 환자들을 모으지 않았지만 소문을 듣고 찾아온 이들을 치료해 주셨다.

예수님의 3대 사역은 가르치는 것, 전파하는 것, 치유하는 것이다. 그분은 언제나 열린 마음과 열린 자세로 사람들을 치유하셨다. 주로 환자들이 찾아오는 경우가 많았지만 예수님이 직접 찾아가신 경우도 있었다. 오늘날의 의료선교는 의료선교사가 직접 가서 복음을 전하고 교회를 개척하는 것은 물론이고 사회 봉사(의료 봉사)까지 포함한다.

물론 환자들의 병을 치료하는 것은 수단이 아니라 목적이 되어야 한다. 그러나 치료에만 너무 많은 시간과 에너지를 사용하느라 하나님의 말씀을 가르치고 복음을 전하는 일에 소홀해서는 안 된다. 팀의 구성을 가르치는 사역 팀과 전파하는 사역 팀과 치유하는 사역 팀으로 나눌 수도 있지만, 의료 팀도 가르치고 전파하는 일에 참여하는 것이 더 바람직할 것이다.

여기서 유의해야 할 것은, 치유가 목적이 아니라 수단이 될 수 있다는 점이다. 사람들을 교회에 모으기 위한 수단으로, 계속적인 치료가 필요하므로 교회에 꼭 나와야 하는 방법으로, 단기 선교의 다른 프로그램을 진행하기 위해 사람들을 모으는 수단으로, 단기 선교를 잘했다는 보고를 위한 방편으로 삼고 있지는 않은지 돌아봐야 한다. 만약 그렇다면, 참여자들이 피곤해하고, 영적 가르침을 잊어버리게 되며, 이후 단기 사역에 참여하지 않게 만드는 원인이 될 수 있다.

셋째, 예수님은 환자를 전인적으로 진료하고 치료해 주셨다.

사람들이 데리고 온 중풍병자의 경우에서 보듯이 예수님은 그의 죄 문제를 언급하시고 병을 고쳐 주셨다. 이와 다른 병을 치료하실 때는 믿음을 언급하시고 육체의 질병을 고쳐 주셨다. 아마도 예수님은 모든 환자에게 이런 방식으로 일하셨을 것이다.

한국의 의료 상황에서 의사가 환자를 보는 시간이 매우 짧다는 불만이 종종 제기되는데, 선교지의 진료 상황도 그렇지 않은지 우려된다. 의사가 많지 않은 상황에서 사흘 동안 천 명 넘게 진료해야 한다면, 하루 종일 진료해도 한 의사가 한 환자를 보는데 10분 이상을 내기 어렵다. 환자들의 영적 상황이나 다른 문제들에 대해 들을 시간이나 기회가 없다. 그런 문제들이 육체적 질병에 끼치는 영향을 고려하지 않은 채, 아픈 부위에 대해서만 듣고 살펴보며 준비된 의약품을 처방하는 것으로 끝나는 진료는 차라리 안 하는 게 낫지 않을까 하는 의문이 들기도 한다.

단기 의료 사역을 할 때 우리는 더 많은 환자들을 보려고 하기보다는 한 사람 한 사람을 전인적이고 세밀하게 보려고 해야 한다. 그렇게 하여 몇 사람의 영혼이 구원받고 육체적으로도 치료받는다면, 진료받으러 온 모든 이들에게 큰 표징과 축복이 되지 않을까?

넷째, 예수님의 치유는 완전한 치료를 의미했다.

그러나 단기 의료선교에서는 완전한 치료가 많지 않다. 왜일까? 전인적으로 접근하지 않아서 불완전하고, 육체의 질병도 완전하게 치료하기 어렵기 때문이다. 우리가 불완전함을 인정하고 사역에 임해야 한다. 그리고 완전한 치유를 위해 노력해야 한다. 예수님의 기적이 임하도록 기도해야 하고, 현대 의료로도 최선을 다해야 한다.

현대 의료에서 최선을 다하려면 크게 두 가지가 필요한데, 진단과 치료에 관한 것이다. 진단을 위해서는 의료 네트워크를 갖추는 것이 중요하다. 의료선교사나 단기 의료 팀이 진단할 수 없는 부분을 지원할 진료 지원 시스템이 필요하다. 치료에는 약을 주는 것과 일차 진료를 하는 것 외에 간단한 수술도 포함된다. 하지만 어려운 질병을 가진 환자를 만나면 단기 의료 팀은 난감할 수 있다. 그럴 때는 어려운 환자를 현지에서 치료하도록 할 것인지 아니면 한국에 데려와서 치료받도록 지원할 것인지 고민해야 한다. 한국의 의료기관과 협력하려면 시스템이 필요하다. 이를 극복하기 위한 현실적인 대안을 찾아야 한다. 이런 점들을 고려할 때, 단기 의료선교가 일시적인 프로그램으로 운영되면 안 되고 총체적 체계를 갖춰야 함을 깨닫게 된다. 이것은 교회와 기관들이 연합하여 하나 됨을 힘써야 하는 이유를 제공한다.

치과와 한의는 치료 부분에서 다른 의료 분야보다 더 유리하다. 치과는 단기 선교에서도 진단과 치료를 많이 해줄 수 있다. 치료가 안 된 부분은 다음에 다른 팀이 와서 치료해 줄 수 있고, 현지 치과병원에서 문제를 해결할 수도 있다. 한의는 마취나 수술이나 복잡한 치료를 요구하지 않기에 현지에서 단기 진료가 가능하다. 그러나 침이나 뜸 같은 치료 외에 탕약이나 환약을 주는 치료는 삼가고 있다.

기본적으로 선교에 참여하는 이들은 마태복음 10장 1절을 믿어야 한다. "예수께서 그의 열두 제자를 부르사 더러운 귀신을 쫓아내며 모든 병과 모든 약한 것을 고치는 권능을 주시니라." 예수님은 열두 제자 뿐만 아니라 우리에게도 그런 능력을 주고자 하시며, 우리가 그 능력을 사용하기 원하신다. 무엇보다 이 일을 가능하게 하는 것은 우리의 믿음이다.

"너희는 온 천하에 다니며 만민에게 복음을 전파하라. 믿고 세례를 받는 사람은 구원을 얻을 것이요 믿지 않는 사람은 정죄를 받으리라. 믿는 자들에게는 이런 표적이 따르리니 곧 그들이 내 이름으로 귀신을 쫓아내며 새 방언을 말하며 뱀을 집어올리며 무슨 독을 마실지라도 해를 받지 아니하며 병든 사람에게 손을 얹은즉 나으리라"(막 16:15-18). 그러나 이런 표적이 항상 일어나는 것은 아니다. 이런 약속을 받은 제자들이라도 귀신 들린 아이를 고치지 못했다(마 17:16).

그러자 예수님은 믿음에 대해 언급하셨다. "믿음이 없고 패역한 세대여, 내가 얼마나 너희와 함께 있으며 얼마나 너희에게 참으리요"(마 17:17). 예수님이 꾸짖자 귀신이 나가고 곧 아이가 나았다. 제자들이 왜 자신들은 귀신을 쫓아내지 못했는지 묻자 예수님은 이렇게 대답하셨다. "너희 믿음이 작은 까닭이니라. 진실로 너희에게 이르노니 만일 너희에게 믿음이 겨자씨 한 알 만큼만 있어도 이 산을 명하여 여기서 저기로 옮겨지라 하면 옮겨질 것이요 또 너희가 못할 것이 없으리라"(마 17:20).

결론적으로, 선교는 믿음의 역사다. 의료선교도 믿음의 역사다. 현대 의료를 사용하는 것도 믿음의 한 방법이지만, 포괄적으로는 믿음의 이적을 포함한 현대 의료를 사용해야 한다. 의료선교의 목표는 이 모두를 사용하여 전인적(Wholistic)으로 치유하는 것이다.

다섯째, 예수님의 치유에는 귀신 들린 자를 고치는 것도 포함된다.

선교에는 사탄과의 싸움이 포함되어 있다. 의료선교는 현대 의학을 기초로 하여 모든 질병을 생물학적으로나 생화학적으로 이해하기 쉽다. 그러나 선교적 진료는 영적 영역까지 이해해야 한다. 성경은 일부 질병이 귀신과 관련 있다고 설명한다. 마태복음 17장에는, 아이에게서 귀신이 나간 다음에 간질이 낫는 내용이 나온다. 또한 마태복음 9장에는, 귀신이 들려 말 못하는 사람을 예수께 데려오자 귀신이 쫓겨나고 말 못하는 사람이 말하게 되는 내용이 나온다. 하나님의 자녀인 우리는 영적 영역을 이해하고 사역에 임해야 한다. 물론 우리는 모든 질병이 귀신과 관련 있다고 보지는 않는다.

단기 의료선교와 기적

현지에서 의료 행위 없이 기도만으로 병이 낫는 기적이 일어나기도 한다. 하지만 약을 처방하고 수술한 후에 회복되는 것도 기적이라고 보아야 한다. 우리는 진료하고 약을 처방하는 모든 과정에 하나님의 치유 역사가 나타나도록 기도해야 한다. 때로는 기도만으로 때로는 기도와 의료 행위로 기적이 일어날 수 있다. 한 영혼이 우리의 전도를 통해 변화되는 것도 기적이다.

면허와 의료법

모든 나라가 자국의 의료법과 면허제도를 가지고 있다. 외국에 가서 진료하려면 그 나라의 의료법과 면허를 존중해야 한다. 그러면 단기 의료선교는 이 문제를 어떻게 풀 수 있을까?

현지에서 진료를 할 수 있는 방법은 네 가지다. 첫째, 현지에서 의사면허를 취득한다. 둘째, 현지 의료인의 지도 아래 일한다. 셋째, 현지 의료기관에 속해 일한다. 그리고 마지막으로 의료법인을 등록해서 일한다. 최근에는 사전에 의료활동 허가를 받거나 비정부기관으로 허락을 받아 진료 행위가 가능한 나라도 있다.

기본적으로 모든 선교사는 현지의 법과 제도를 존중해야 한다. 단 예외가 있다면, 복음을 위해서는 현지의 법을 초월할 수 있다는 것이다. 현지의 법이 잘못되어서가 아니라 더 큰 하나님의 법이 존재하기 때문이다. 하지만 의료 활동에 적용할 수 있을지는 결정하기가 쉽지 않다.

이런 것을 고려하지 않고 의약품을 몰래 가지고 들어가서 무분별하게 진료하는 행위는 지양해야 한다. 함부로 진료하다가 문제가 생기면 차라리 진료하지 않은 것보다 못한 결과를 가져온다. 그런 결과들은 때때로 치명적으로 작용하여 현지에서 복음의 역사를 제한하고 장기 선교사들을 어렵게 만든다.

그러므로 매년 여름에 한 차례씩 정례적으로 방문 진료하는 단기 의료선교라는 개념을 넘어 충분한 연구와 조사가 필요하다. 가능하면 사전 답사를 하고 현지 선교사들로부터 충분한 설명을 들어야 한다. 이런 준비를 하고 단기 의료선교를 가야 한다.

현지의 장기 선교사들도 단기 의료선교를 너무 쉽게 생각하고 무조건 와서 진료하라고 하면 안 된다. 모든 과정에서 정상적인 법적 절차를 거치는 것이 좋다. 공항에 아는 사람에게 부탁해서 의료 기자재와 의약품을 무사히 통관시키고 본인이 사역하는 교회와 지역에서 진료하면 문제가 없을 거라는 막연한 생각에서 벗어나야 한다. 의료법, 면허, 현지에 영향을 끼치는 부정적인 반응, 생길 수 있는 부작용을 충분히 살펴보고 단기 의료 팀을 초청하거나 받아야 한다.

서구 선교사의 경우를 살펴보자. 단기 의료선교 팀이 현지를 방문하기 전이나 방문한 후에 보건복지부나 관할 의료기관에 가서 정식으로 허가를 받고 진료하는 것이 보통이다. 알바니아에 왔던 서구의 단기 의료 팀은 대부분 그렇게 했다. 그들은 진료가 아닌 교육, 세미나, 현지 의료인과의 관계 형성 및 증진에 우선순위를 두었다. 개인으로나 단체로 다음에 와서도 사역할 수 있는 길을 만들고 준비했다.

알바니아 헬스 펀드(Albania Health Fund)는 세미나부터 시작했고, 보건복지부와 대학병원의 교수들을 초청하여 친분을 쌓으며 기부도 하고 좋은 관계를 유지하며 인맥을 쌓았다. 그리고 대학병원에서 병원장의 허가 아래 알바니아의 교수들과 함께 다니며 진료하고 상담하며 수술했다. 코소보사태가 일어났을 때는 알바니아 정부와 연락을 못하고 왔지만 오자마자 보건복지부에 가서 임시 허가를 받고 난민들을 진료했다.

미국에서 온 전문의들은 군인병원의 외상센터에서 병원장의 허가 아래 허리 디스크 수술 및 기타 수술을 했다. 그들은 늘 좋은 관계를 유지하며 매년마다 향상된 기술을 가지고 와서 도와주었다. 클리닉에서 1년간 예약을 받은 전문 분야의 환자들을 상담하고 군인병원으로 데려가서 수술해 주었다.

한국에서 온 단기 의료 팀의 경우는, 치과를 포함하여 대부분 현지에서 허가를 받지 않았으나 면허를 가진 클리닉과 협력하여 진료했다. 잠시 방문한 한국 전공의들은 직접 진료하기보다는 의사 선교사와 함께 진료하며 의약품을 주는 등 보조 역할을 감당했다. 치과 팀은 교회 성도들과 일부 동네 사람들 및 현지 치과에서 치료받기 어려운 환자들을 중심으로 진료했다.

한국의 어느 기관에서 대규모의 봉사 팀을 구성해서 왔는데, 면허를 받지 않고 진료했다. 샬롬클리닉에 있는 치과 기자재 및 의료 기자재를 사용하고 싶다고 하길래 기꺼운 마음으로 협력해 주었다. 만약 부작용이 생겼다면 상황이 많이 어려워졌을 것이다.

각 나라마다 의료법과 면허제도가 다르므로 세계 곳곳에서 섬기는 의료선교사들로부터 정보를 받아서 단기 의료선교 팀이 공유하는 것도 좋을 것이다.

의료 기자재와 의약품

❶ 통관

현지에서 진료하려면 의료 기자재와 의약품을 가져가야 한다. 그런데 이 일이 쉽지 않다. 너무 무거울 수도 있고, 기자재가 민감하여 운송 중에 고장날 수도 있다. 무엇보다 현지 공항에서 통관이 어려울 수 있다. 통관할 때 압수나 몰수를 당할 수도 있고, 세금을 내야 할 수도 있고, 공항에 보관했다가 출국할 때 찾아가야 할 수도 있고, 무사히 통관할 수도 있다. 이외에도 더 다양한 일이 생길 수 있지만 어떤 경우라도 긴장할 수밖에 없다.

첫째, 의료 기자재와 의약품을 압수나 몰수를 당하게 되면 입국해서 진행하려는 모든 계획이 무산될 수밖에 없다. 비싼 기자재와 의약품을 원래 목적대로 사용할 수 없게 되고 손해 비용도 만만치 않다.

둘째, 세금이 적은 액수라면 그나마 감당할 수 있겠지만 터무니없이 많은 세금을 내야 할 수도 있다. 세금이 너무 많아서 지불할 수 없으면 압수나 몰수를 당하게 된다. 세금 외에 벌금까지 물고 형사 처벌까지 받는다면 정말 어려운 경우가 된다.

셋째, 공항에 보관했다가 출국할 때 찾아가는 경우 역시 현지에서 사역하려는 모든 일정과 계획에 차질이 생긴다.

넷째, 무사히 통관하는 것도 쉬운 일이 아니다. 마음을 졸여야 한다. 유력한 현지인이나 공항 세관 직원을 아는 현지인의 도움으로 무사히 통관하는 일도 바람직하지 않다. 나중에 사례를 해야 할 수도 있고, 불법을 눈감아 주었다는 비난을 받을 수도 있다. 선교를 그렇게까지 해야 하는지 의문이 생긴다. 어떤 경우든, 목적이 수단을 정당화할 수는 없다.

❷ 유효기간

사용하려는 의약품의 유효기간이 문제가 될 수 있다. 한국에서 의약품을 구입하여 갈 수도 있지만 보통 엄청난 비용이 든다. 기증을 받는 경우에는 유효기간이 얼마 남지 않은 의약품을 우선적으로 주기 마련이다. 나라마다 차이가 있겠지만 어떤 나라는 의약품의 반입을 아예 허락하지 않는다. 또 어떤 나라는 의약품의 반입을 허락하더라도 유효기간이 짧으면 통관을 불허한다.

그렇다고 현지에서 의약품을 구입하는 것도 쉽지 않다. 비용이 많이 들 수 있고, 익숙하지 않은 의약품을 구입하여 사용하는 것이 쉽지 않으며 현지어로 된 설명서를 참고하기도 어렵기 때문이다.

알바니아가 매우 가난했던 시절, 병원에 의약품이 없었다. 그래서 여러 나라에서 유효기간이 지난 의약품을 받곤 했다. 약국에 가면 유효기간이 지난 의약품에 약효가 언제까지 유지된다는 것을 증명하는 표시와 직인이 찍인 종이가 붙어 있는 의약품을 흔히 볼 수 있었다.

호흡기병원에서 일할 때였다. 병원장실 한쪽 구석에 큰 박스 몇 개가 정리가 안 된 채 놓여 있길래 비서에게 그게 뭔지 물어보았다. 미국 의사들이 보낸 의약품인데, 유효기간이 지난 것이라서 나중에 그들이 오면(일 년에 한 번씩 방문했다) 항의하려고 보관 중이라고 했다. 그 의사들은 내가 아는 이들인데, 일부러 유효기간이 지난 의약품을 모아서 보내지는 않았을 것이다. 나도 그와 비슷한 의약품을 그들로부터 받아서 사용한 적이 여러 번 있었다. 뭔가 오해가 있고 과정에서 문제가 있었겠지만 어쨌든 그런 의약품은 현지인들의 분노를 산다.

의약품 유효기간에는 또 다른 문제가 있다. 현지인 환자들이 처방받은 약을 곧바로 복용하지 않고 오랫동안 보관하는 경우가 많다. 그러면 유효기간이 지나게 마련이다. 내가 방문한 알바니아인의 집에서 서랍에 고이 보관된 오래된 약들을 보았는데 한국 약들도 있었다.

유효기간은 꼭 의약품에만 해당하지 않는다. 의료 기자재도 오랜 시간이 지난 구형제품을 현지에 보내면 관련 부품과 시약이 없어서 사용하기 어렵다. 1990년대 중반에 유럽에서 보내온 기자재들을 사용한 적이 있었다. 또한 그런 기자재들을 가져오는 구호기관에서 그것들을 분류해 달라는 부탁을 받은 적도 있었다. 그곳에 가서 분해된 기구들을 조립하려고 보니 설명서가 없는 경우가 많았고 일부 설명서는 영어가 아닌 불어와 독일어로 되어 있어서 조립이 불가능했다. 그런 기자재들을 유럽에서 가져오는 비용과 시간이 만만치 않은데다가 현지 창고에서 공간을 차지하는 문제, 폐기 처분하기 쉽지 않은 문제 등 여러 복잡한 일들이 생길 수 있다.

❸ 의료품 통관을 위한 사전 심사

단기 팀이나 장기 의료선교사가 의약품을 수입하려면 각 나라의 법을 존중하고 사전에 이와 관련된 절차와 과정을 밟아야 한다. 그런데 며칠간의 사역을 위해 과연 그렇게까지 해야 하는지 의문을 가질 수 있다.

한국에서 오는 단기 의료선교 팀과 알바니아 샬롬클리닉을 위해 보건복지부 약제과에 가서 의약품 수입에 대해 문의한 적이 있었다. 필요한 서류가 한두 가지가 아니었다. 기증 서류, 각 의약품에 대한 생동성 실험 결과와 유효기간 확인서, 한국의 세관 서류는 물론이고 이외에도 여러 서류가 필요했다. 그래서 포기한 적이 있었다. 이처럼 사전 심사는 쉬운 일이 아니다.

❹ 의약품 사용과 부작용

의약품 사용도 쉽지 않다. 일단 환자와 충분히 대화하면서 질병을 의심하고 그에 맞는 진단을 내리고 치료를 해야 한다. 그런데 제한된 시간과 열악한 의료환경에서 그렇게 하기는 쉽지 않다. 진단이 틀릴 수도 있고 약화사고가 생길 수도 있다.

진단과 치료

최선을 다해 진료한다고 해도 단기 선교에서의 진단과 치료는 제한적일 수밖에 없다. 예전에 비해 초음파와 그 밖의 의료기기들을 더 많이 사용하고 현지에서 사역하는 의료선교사들의 도움을 받지만 다양한 환자들을 상대하기는 쉽지 않다. 단기 팀 의사들의 전공과는 다른 영역의 환자들이 올 수 있기 때문이다.

또 한 번의 치료로는 고치기 어려운 만성질환이나 심한 질병이 있는 이들을 돕기가 쉽지 않다. 당뇨, 고혈압, 신장 질환, 심장 질환같이 단기간에 치료하기 어려운 질병을 어떻게 도울 수 있을까? 치질 환자나 백내장 환자는 국소마취를 하여 수술할 수 있지만 수술 후 처치와 나중에 발생할지도 모르는 부작용을 어떻게 최소화할 수 있을까? 그동안은 일반적으로 하나님의 은혜로 덮어 왔다. 하지만 여러 선교 현장에서 수술 후 처치와 나중에 발생한 부작용에 대한 이야기들이 들려왔다. 만약 합병증이나 부작용이 생긴다면, 현지에서 사역하는 장기 선교사들이 큰 타격을 입을 수 있고 심지어 법적 문제까지 발생할 수 있다.

<u>통역</u>

단기 진료에서는 통역의 역할이 아주 크다. 영어가 가능하다면 의료진이 직접 영어로 문진하고 설명할 수 있지만 대부분의 지역에서는 어려운 일이다. 현지에서 사역하는 선교사들이 많고 영어가 가능한 젊은이들이 있으면 통역에 어려움이 없다. 하지만 그렇지 않은 경우에는 어려움을 겪게 된다. 의료 문진과 설명을 할 때 통역이 정확하지 않으면 문제가 생길 수 있으므로 주의해야 한다. 일반 선교사들이 현지어를 잘하더

라도 의료용어는 전문 분야이므로 통역에 어려움이 생기기도 한다. 그럴 때는 의료진이 선교사에게 한국어로 쉽게 설명하면 선교사가 충분히 이해하고 나서 현지어로 환자에게 설명하는 방법도 좋다.

기록

모든 진료는 반드시 기록으로 남기고 분석해야 한다. 매년 같은 지역으로 단기 의료선교를 간다면 그런 기록들은 더욱 중요하다. 현지의 질병에 대해 정확하게 분석해 놓으면, 다음 번에는 더 철저히 준비하여 방문할 수 있다. 우리는 보통 사진은 많이 찍지만 기록으로 남기고 분석하는 일은 잘 안한다. 그러면 사역이 일회성으로 끝나 버리게 된다.

환자의 사후 관리

어느 선교 세미나에서 단기 선교와 진료를 많이 한 어느 분이 단기 팀이 선교지를 떠난 뒤에 사후 관리는 어떻게 하느냐고 질문해서 구체적으로 설명한 적이 있다.

우리는 "진료를 받은 환자의 사후 관리는 어떻게 할 것인가?"에 대해서도 주목해야 한다. 추적 관리가 가능해서 다음 해에도 그 환자들을 볼 수 있다면 좋을 것이다. 그러나 현실은 녹록하지 않다. 단기 팀이 다른 지역으로 갈 수도 있고, 현지인이 다른 지역으로 이동할 수도 있다. 그러므로 추척 관리의 일차적인 책임은 현지 선교사에게 있다. 선교사가 단기 의료 팀과 계속 연락하여 환자의 상태를 알려야 한다.

그러나 현지에서 오직 단독으로 사역하는 선교사의 경우, 많은 환자들의 사후 관리가 힘들다. 단기 팀을 맞이하고 섬긴 것만으로도 많은 에너지가 소모되었을 것이다. 게다가 평소에는 안 오던 사람들도 와서 진료를 받았을 것이고, 평소 본인이 하던 사역도 계속 진행해야 하므로 잠시 몰려든 환자들의 이름과 주소와 연락처를 가지고 일일이 사후 관리를 하기란 거의 불가능하다.

또한 단기 팀이 전도한 사람들과 관심자들을 나중에 다시 만나서 관리하기가 쉽지 않다. 현지에서 사역하는 선교사의 수가 충분하지 않으면 일회성으로 끝나기가 쉽다. 이것은 단기 팀이 현지에서 너무 많은 진료를 하고 일을 크게 벌이지 말아야 할 이유이기도 하다. 다 감당할 수 없는데 프로그램이나 보고용으로 일을 진행하면 오히려 안하는 것보다 더 나쁜 결과를 가져올 수 있다.

사후 관리가 부실한 것이 현실이다. 그러므로 현지 선교사가 사후 관리를 하기 어렵다면, 단기 의료 팀이 책임 의식을 갖고 사후 관리를 해야 한다. 가령, 진료 등록시에 환자와 가족의 인적사항을 자세히 기록하는 것(실제로 환자가 너무 많아서 대충 기록하는 경우도 있다), 계속 관찰이 필요한 환자를 분류하여 별도로 기록하는 것, 복음에 관심을 보인 사람의 인적사항을 자세히 알아 두는 것(가능하면 현장에서 복음을 전하거나 나중에 집을 방문하거나 한국 연락처를 주어 서로 소통하라), 한국으로 돌아간 뒤에 모든 진료 기록과 관련된 정보를 일목요연하게 정리하여 선교사에게 보내는 것 등을 포함한다.

현지에 클리닉이 있는 샬롬 팀은, 한국과 미국에서 온 단기 의료 팀과 함께 진료하고 나면 모든 사후 관리를 클리닉에서 했다. 그리고 수도권에 위치한 클리닉에서 단기 팀 없이 단독으로 시골 지역으로 진료를 나가면, 나중에 환자들을 클리닉으로 오게 하여 사후 관리를 했다. 그들에 대한 진료 차트가 남아 있어서 다음 단기 팀이 와도 연속적인 진료가 가능했다. 나중에는 환자들을 등록하여 사전 예약을 받고 진료할 정도로 발전했다. 그래서 환자가 오래 기다리지 않고 자세하게 상담받을 수 있었다.

의료인이 아닌 이들이나 의료인이라도 전도를 더 하고 싶은 이들은 두세 명씩 짝을 지어 전도하러 가거나, 현지인 리더와 함께 전도하러 갔다. 집 주소가 없거나 사람들이 자기 집 주소를 모르는 경우에는, 그들의 집에 클리닉 스티커를 붙이고 왔다. 나중에 선교사들이 클리닉 스티커가 붙어 있는 집을 방문했다. 알바니아에 휴대폰이 보급된 후에는 전화번호를 알아 왔다. 그러면 나중에 선교사들이 그들에게 연락을 했다.

그러나 사후 관리에 변화를 가져올 수 있다. 인터넷이 발달한 요즘에는 선교지의 사람들과 이메일이나 스마트폰 메신저(카톡) 등으로 관계를 맺을 수 있다. 한국에 돌아와서도 현지 선교사를 통해서 아니면 직접 현지인들과 연락하여 진료받은 후의 상황이나 전도받은 후의 변화에 대해 이야기를 나눌 수 있다.

나는 단기 선교 팀에게 사진이 나온 명함을 선교지에 가져가라고 권면한다. 제한 지역이나 위험 지역이 아니라면 가져간 명함을 주는 게 좋다. 명함을 주는 것은 이후에도 관계를 맺고 책임(기도나 후원 등)을 갖겠다는 의미다. 그러면 단기 사역도 장기 사역과 같은 결과를 낳을 수 있다.

더 나아가 한 지역을 계속해서 방문하면 관계를 깊게 맺을 수 있고 사후 관리가 가능하다. 그렇게 되면 교회 개척, 제자 양성, 리더 세우기 같은 결과를 낳기도 한다. 용인의 어느 교회를 방문한 적이 있다. 그 교회는 어느 나라의 한 지역을 9년 동안 방문했는데, 현지에 좋은 리더를 세우는 귀한 열매를 맺었다. 또한 1년에 여러 번 방문하여 현지와 밀접하게 사역하고 있었다. 이런 예를 보면, 단기 선교도 얼마든지 시간의 제약을 극복하고 많은 열매를 거둘 수 있음을 알 수 있다.

단기 진료 후 한국에서의 진료

현지에서 만난 일부 환자들 가운데 수술과 같은 처치가 필요한 사람도 있다. 이런 경우 현지의 병원에 의뢰하거나 한국으로 데려와 치료하기도 한다. 모든 단기 의료 팀이 그렇게 할 수 있는 것은 아니지만 지속적으로 치료한다는 면에서 고려해 볼 수 있다. 그러나 여러 가지 사항이 요구되므로 그리 간단한 문제는 아니다

무료 진료

단기 팀이 유료 진료를 할 것인지 무료 진료를 할 것인지에 대해 논란이 많았지만, 그 문제에 대해 깊이 연구하고 토론한 적은 많지 않다. 대체로 현지 선교사의 요청이나 지역 주민이 가난하거나 단기 팀이 베풀고 싶은 마음에 무료 진료를 해왔다.

의료선교에서 무료 진료의 일반적인 근거는 다음과 같다. "병든 자를 고치며 죽은 자를 살리며 나병환자를 깨끗하게 하며 귀신을 쫓아내되 너희가 거저 받았으니 거저 주라"(마 10:8). 예수님은 환자들을 고치시고 기적을 행하면서 돈을 받지 않으셨고 제자들에게도 그렇게 가르치셨다.

역사적으로 의료선교는 무료 진료를 해왔다. 실제로 의료선교사가 사역하는 지역이나 단기 팀이 방문하는 지역이 대부분 가난했기 때문이다. 그러나 오늘날은 상황이 달라지고 있다. 그 지역이나 주변에 클리닉이나 병원이 있기도 하고, 진료비를 낼 정도로 형편이 넉넉한 사람도 있다.

그동안 관찰한 것을 토대로 정리하면, 무료 진료는 다음과 같이 이해하고 접근하는 것이 좋겠다.

첫째, 복음의 능력과 사랑으로 하라.

(예수님이 행하신) 병든 자를 고치며 죽은 자를 살리며 나병환자를 깨끗하게 하며 귀신을 쫓아내는 일은 복음과 직접 관련된 특별 은혜의 사역으로 보아야 한다. 그러나 현대 의학에 기초한 진료는 복음과 관련이

있지만, 특별 은혜보다는 일반 은혜로 보아야 한다. 그리고 로잔언약에서 제안한 것같이 예수님의 기적은 복음 차원에서, 현대의 장단기 의료선교는 사회봉사의 차원에서 접근하는 것이 맞다. 그러나 이 둘을 분리하지 않고 하나의 방향과 사역으로 진행하는 것이 합당하다.

둘째, 합리성과 일관성을 가지라.

유료 진료를 할 것인지 아니면 무료 진료를 할 것인지는 현지의 사정과 여러 요소를 종합적으로 고려하여 장기 선교사와 함께 참여하는 단기 팀이 결정하면 된다. 유료 진료가 죄를 짓는 것이 아니며, 무료 진료가 무조건 유리한 것도 아니다. 합리성을 갖고 결정하되, 일관성 있게 진행하는 것이 좋다. 검사와 의약품과 수술 같은 과학적인 접근이 필요하며 재정이 사용된다. 즉 단기나 장기 의료선교사의 의료사역에는 재정이 많이 소모된다. 비록 선교사들이 재정을 후원받고 단기 팀의 의약품을 지원받는다고 해도 충분하지 않을 수 있으므로 역시 재정이 사용된다는 것을 고려하라.

셋째, 현지 선교사와 의료기관에 피해가 되지 않게 하라.

무료 진료나 유료 진료가 현지 선교사에게 피해가 되지 않아야 한다. 또한 현지 의료기관에도 문제가 되지 않는지 면밀히 살펴보라. 무료 진료를 받은 이들이 모두 예수님을 믿는 것은 아니다. 진료 중에 복음을 전하면 어떤 이들은 오히려 반감을 갖는다. 진료해 주는 미끼로 복음을 믿으라고 강제한다는 생각을 갖기도 한다. 진료를 받았기에 다음 주 교회의 모임에 와야 한다는 것을 싫어한다. 진료를 받았는데 낫지 않거나 더 나빠지면 더욱 어려운 상황이 생긴다.

샬롬클리닉에서 무료 진료를 하다 보면, 사람들이 더욱더 의존적이 되고 타성이 생기는 것을 보게 되며 그들의 주목적이 약을 타 가려는 것임을 알게 된다. 그리고 병세가 좋아지지 않으면 무료 진료에는 싼 약을 사용하고 정성을 다하지 않기에 그렇다는 뒷말도 생긴다.

넷째, 단기 선교 종합 토론을 하라.

무료 진료를 포함하여 단기 의료선교에 대한 올바른 한국적 모델이 나올 수 있도록 교회와 선교단체가 대토론회를 열면 좋겠다. 지금까지는 중복되고 소모적인 부분이 많았고 문제점도 적지 않았다. 그런 문제점을 피하고 시너지를 내며 복음과 선교 사역에도 이익이 되려면 대토론을 통한 제안이 나와야 한다.

선교사 진료

단기 사역을 진행하면서 현지에서 오래 사역해 온 장기 선교사들을 진료할 수 있다. 단순히 약을 처방하는 경우부터 국소마취를 하여 수술하는 경우와 복합적 의료 상담을 하는 경우까지 있다.

샬롬클리닉은 단기 팀이 오는 경우, 특히 치과 진료 팀이 오면 한국 선교사는 물론이고 타국 선교사들에게 알리고 사전에 예약을 받아 진료했다. 아무래도 한국인 치과의사의 진료가 많은 도움이 되고, 일반 의료의 경우도 한국말로 상담해 줘서 현지 의사를 만날 때 생기는 언어적인 어려움도 없다.

현지 선교사를 진료하는 것이 귀한 일이지만 가능하면 사전에 단기 팀과 상의하여 일정을 조정하는 것이 좋다. 그렇지 않고 갑작스럽게 진행하면 현지인을 위한 진료 일정에 차질이 생길 수도 있다.

한인 진료

현지에 사는 한인들도 단기 팀의 진료를 받고 싶어 하는 경우가 종종 있다. 현지 선교사가 섬기는 교회나 기관에 속한 한국인들도 마찬가지다. 특히 치과 진료는 꼭 받고 싶어 한다. 현지 치과의 위생상태가 낙후되어 있기 때문이다. 위생상태가 나쁘면 병에 전염될 수도 있다. 이외에도 언어 문제와 비용 문제도 무시할 수 없다.

단기 의료 팀은 현지인 진료를 더 우선시할 것이다. 한인 진료는 가능하면 제한하는 것이 맞다. 하지만 진료해야 할 필요가 있다면, 사전에 현지 선교사가 예약을 받거나 일정 중 반나절이나 하루를 처음부터 할애하여 한인 진료를 하도록 조정해야 한다.

한인 진료를 무료로 할 것인지의 문제도 선교사 진료를 무료로 할 것인지의 문제처럼 결정하기 쉽지 않다. 진료비를 받으면 나쁜 소문이 날 수도 있기 때문이다. 선교지에서 치과 클리닉이나 병원이나 의원을 운영하는 선교사들 가운데 '현지에서 떼돈을 벌었다'는 근거 없는 소문에

시달린 경우도 있다.

　실제로 이런 일도 있었다고 한다. 동남아로 단기 의료선교를 온 팀이 선교 탐방과 더불어 날마다 빽빽한 일정을 소화하고 있었다. 그러다가 어느 한인교회의 수요예배에 참석했는데 그 교회의 목사님이 미리 상의도 하지 않고 오늘 저녁에 진료를 해준다고 말하는 바람에, 지친 단기 팀이 새벽까지 진료했다고 한다. 그래서 현지인보다 한인에게 의약품을 더 많이 사용했다.

　알바니아의 장기 의료선교사 팀은 이웃 나라의 한인교회를 방문할 때는 교인 진료를 예상하고 의약품을 준비해 갔다. 특히 그 지역에 귀화하여 오래 산 교인들이 좋아했다. 현지의 클리닉을 가면 자세한 설명을 듣지 못하고 질문도 할 수 없어 아쉬웠는데, 의료선교 팀이 그 부분을 해결해 주었다며 무척 기뻐했다. 다음 해에도 가서 진료해 주었다. 모두 무료 진료였다. 하지만 그 교회와 성도들이 다른 도움을 베풀어 주었다.

　앞서 언급한 대로, 단기로 선교지를 방문할 때는 무료 진료를 추천한다. 반면에 장기로 계속 진료할 경우에는 현지 상황과 재정을 고려하여 결정하기 바란다. 그러나 의료 팀은 항상 여유를 가지고 사랑과 너그러운 마음으로 다가가야 한다.

현지 기관 및 의료기관과의 관계

단기 선교 팀이 비록 짧은 기간에 단회적으로 간다고 해도 현지인의 입장에서는 한국을 대표하는 사람들이 오는 것이다. 그 소식이 현지 기관에 알려지는 것이 정상이다. 어느 지역은 외부 사람이 들어오면 마을을 대표하는 사람(이장, 동장, 장로, 대표자 등)이 상부 기관에 보고하게 되어 있다. 그러면 경찰이나 보안 팀이 와서 확인하는 경우도 있다. 그 지역 사람들에게 해가 되지 않는 한 문제를 삼지 않고 관찰한다.

진료를 하는 경우에 현지 의료기관과 관계를 맺는 것이 좋다. 아니, 반드시 그렇게 하는 것이 모범 답안에 가깝다. 그래야 현지의 진료 시스템을 알게 되고 풍토병을 이해하게 된다. 또한 갑자기 문제가 발생할 때 현지 의료기관의 도움을 받을 수 있고 사후 관리에 대한 지원도 받을 수 있다. 그리고 현지 의료기관의 의료인과 직원 가운데 예수님을 믿는 사람이 생길 수도 있다.

어느 단기 의료 팀은 현지의 학교와 관계를 맺고 진료하거나 현지의 의료기관을 임대하여 진료한다고 한다. 이는 매우 추천할 만한 형태다. 최소한 그 지역을 대표하는 사람들을 찾아가 인사하고 교제하는 것이 반드시 필요하다. 현지 선교사와 함께 사역하는 경우는 선교사의 조언에 따라 관계를 맺으면 된다. 혹시 선교사가 현지 기관과 관계를 맺고 있지 않다면, 관계를 맺도록 제안하는 것이 좋다.

여러 방문자들 경험

알바니아에서 사역하면서 단기 팀을 100번 이상 경험했다. 그중에는 같은 팀인데 사람들만 바뀌어 방문한 것도 포함된다. 단기 사역에는 의료 선교가 가장 많았다. 내가 속한 팀이 의료 팀이라서 그랬겠지만 실제로 단기 의료 팀이 가장 많은 것으로 보인다. 방문한 단기 팀은 다음과 같다.

단기 사역	파견 국가	구성	사역 내용	사역 결과
경희누가회 의료 팀	한국	의사, 치과의사, 간호사	치과를 중심으로 사역	지역사회에 전도와 격려, 지역 교회 개척에 기여, 선교사 치과 진료
교회 팀	한국	청년 및 대학생	전도 사역	지역 교회 개척에 기여
여성	한국	2년 단기 선교 (독신)	전도 및 구제 사역	중요한 한 사람을 전도하고 구제에 큰 기여
글로벌케어	한국	의료 팀	코소보 난민 진료	난민 진료에 기여
예수병원	한국	의료진, 전공의와 비의료인	2002-2012년까지 수차례 방문하여 진료 및 교회 사역	선교 경험과 훈련, 의료 사역 지원, 의약품 지원, 선교사 진료
교회 팀	캐나다	목사와 청년들	2002년부터 수년간 방문하여 청년 사역, 교회 사역, 선교사 지원	교회 사역과 대학생 사역에 기여, 선교사 지원과 격려
여성	캐나다	교회 파송으로 3년 사역(미혼)	전도, 교회 사역, 음악과 미술 사역, 선교사 자녀학교 사역	교회 사역과 선교사 자녀학교에 기여
Messengers of Mercy	미국	의료인	진료 및 방문	선교사 격려 및 진료
여성	한국	간호사, 개인으로 1년 사역	진료 및 교회 사역	진료 사역과 교회 사역에 기여
Albania Health Fund	미국, 캐나다	의료인	1993년부터 매년 수차례 방문하여 진료, 수술, 교육, 세미나, 의대생 전도	알바니아 기독학생회와 기독의사회 형성과 사역에 기여, 알바니아 의료 발전에 기여
코스타대회에서 헌신한 팀	미국	의료인	치과 사역, 훈련, 선교 경험	치과 진료로 전도
교회 팀	미국	담임 목사와 성도들	전도와 교육	교회 사역에 기여, 청년 및 어린이 사역 지원

단기 사역	파견 국가	구성	사역 내용	사역 결과
OM 둘로스	다국적	다양한 사람들	전도, 서적 판매	알바니아 청년들에게 영향을 끼침
남성 개인, 한국누가회	한국	한의사	선교사와 교제 및 교회 사역	선교사 격려와 교회 사역에 기여
여성 개인, 한국누가회	한국	한의사	선교사와 교제 및 교회 사역	선교사 격려와 어린이 사역에 기여
남성 2인, 한국누가회	한국	의대생 2명	훈련, 전도, 컴퓨터	컴퓨터 수리, 선교사 지원, 선교 관심도 증가
남성	한국	개인	컴퓨터 교육	청년 및 청소년 사역에 기여
남성	미국	개인	훈련, 대학생 사역	대학생 사역에 기여
남성	미국	개인	훈련, 청년 사역 지원	청년 사역에 기여
빌립보 교회 팀	미국	의사, 치과의사, 간호사, 비의료인	진료, 수술, 교육, 세미나, 치과진료, 기증, 교회 사역	의료 사역, 교회 사역, 청년 사역에 기여, 보건복지부 및 현지 의료기관과 연결 및 기증
경희누가회 치과 팀	한국	치과의사, 기술자	치과진료실 세팅과 진료	치과 사역의 기초 형성, 현지인 진료
남성 개인	한국	치과의사	세미나 및 치과 교수들과 교류	치과 사역의 연결점이 됨
여성 개인	한국	치과의사	치대생들 실습	전도와 교육
남성 개인	한국	치과의사	치과의사들과 교류 및 실습	치과 사역
학생	한국	3인 의대생	훈련과 전도 실습	훈련
여러 명	한국	치과의사들	세미나 강의	치과 사역
남성 개인	미국	치과의사	치대생 교육	치과 사역

단기 선교 강의를 하면서 받은 질문 best 4

1. 제한지역에서는 어떻게 전도하는가?

현지 사정이나 장기 선교사들의 제언으로 인해 직접 복음을 전할 수 없다면 다른 준비를 해야 한다. 예를 들어, 한국 근대사를 동영상이나 책자로 만들어 보여 주는 것은 어떨까? 서구 선교사가 들어온 이후 한국의 경제와 사회, 교회의 변화와 성장을 소개하는 것이 좋다. 그러면 한국 역사에서 선교사들의 역할과 교회의 성장이 주요했음을 간접적으로 알게 될 것이다. 현지인들의 질문에 지혜롭게 대답하며, 자신의 간증을 기독교 용어를 사용하지 않고 나누는 것도 좋다.

구약의 에스더서는 정말 놀라운 책이다. '하나님'이라는 단어가 한 번도 나오지 않지만 에스더서에는 하나님의 연출과 각본이 있음을 깨닫게 된다. 이처럼 기독교 용어를 사용하지 않고도 하나님을 드러낼 수 있다면 정말 놀라운 전도와 선교가 될 것이다. C. S. 루이스는 기독교 교리나 성경을 모르는 사람들조차도 재미있고 쉽게 기독교 진리에 접근할 수 있는 책을 펴냈다. 우리도 그런 방식으로 전도하면 좋겠다.

2. 문화(전도) 팀은 어떻게 사역하면 좋은가?

의료 팀은 진료라는 분명한 사역의 영역이 있지만 그 외의 팀은 사역하기가 애매하다고 느낄 수 있다. 그러나 실상은 더 많은 영역을 담당하며 사역할 수 있다. 현지의 역사와 문화를 배우려는 자세로 사람들에게 다가가라. 거리에서 만나는 대학생, 집 안에서 일하는 아주머니, 어린아이 한테 그렇게 다가가서 이야기를 나누라.

또한 한글학교를 여는 것도 좋은 방법이다. 요즘 한류, 케이팝(K-pop), 한국 드라마, 한글에 대한 반응이 폭발적이다. 며칠 동안이라도 한글학교를 열어 한글을 가르치고, 한국 드라마와 영화를 보여 주고 노래자랑 등을 여는 것도 인기 있는 접근방식이다. 알바니아에서 우연히 만난 치과의사가 내가 한국인인 것을 알고 무슨 한국 드라마를 보느냐고 물어서 깜짝 놀랐다. 그 의사는 미국에서 들여온 영어 자막이 있는 한국 드라마를 재미있게 본다고 했으며, 한국 노래까지 알고 있었다.

3. 현지인에게 어떻게 다가가야 하는가?

단기 팀이 만나는 현지인 중에 하나님이 예비하신 사람이 있다고 믿으며 움직여야 한다. 의료 팀 근처에서 계속 머물며 장난을 치거나 무언가를 도와주려는 이들은 영적 관심이 많은 사람일 수 있다. 진료하다가 "오늘 우리가 당신 집에 방문해도 될까요?"라고 물으면 좋다고 대답하는 환자들 중에 영적 관심이 많은 사람이 있을 수 있다. 문화 팀이 사역하고 있는데 계속 와서 영어로 떠들며 소란스럽게 하는 친구 중에 그런 이들이 존재할 수 있다. 진료 팀을 도와줄 수 있는지 물어볼 때 반응하는 이들 중에 예비된 사람을 찾을 수 있다. 놀이 프로그램을 도와주는 아이들 중에서도 발견할 수 있다. 그들은 멀리 있지 않고 늘 우리 주변을 맴돌고 있을 것이다.

4. 최고의 단기 의료선교를 만들기 위한 조언은?

- 의료의 양을 줄이라.
- 진료보다는 교육과 보건을 하라.
- 진료하면서 기도하라.
- 복음 전도를 하라.
- 사람에게 집중하고 관계를 형성하라.
- 지속적으로 한 지역을 관계하고 사역하라.(어느 교회는 치과 진료를 위해 현지에 치과를 열고 현지인을 고용하고 있다.)
- 현지 기관 및 의료인들과 관계를 형성하라.
- 현지의 법을 최대한 존중하라.
- 비의료인 팀이 독립적으로 일하게 하라.
- 비의료인에 대한 분명한 역할을 정하고 존중하라.
- 기록을 남기고 반드시 평가를 하고 다음 해에 개선하고 보완하라 (Upgrade & Update).
- 이전 단기 선교 참여자들도 참여시키라(카톡방, 기도회, 평가회 및 기타).

2장

단기 의료선교는 꼭 필요한가?

김용재

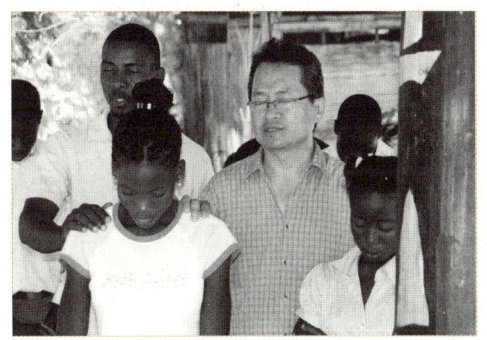

김용재 선교사는 숭실대학교 영어영문학과를 졸업하고, 무역회사에서 근무하다가 도미니카공화국에 주재원으로 나가서 하나님을 다시 만났다. 불교 신자인 아버지가 예수님을 영접하면 의료선교사가 되겠다는 서원을 하고 그 약속을 지키기 위해 38세에 의대에 입학하고 야간에는 신학대학을 다녔다. 도미니카공화국에서 의료선교를 시작으로 교회 개척과 학교, 진료소 건축 및 학원 사역을 했고, 2006년부터 아이티에서 동일한 사역을 하고 있다. 2010년 아이티 대지진 이후로 도미니카공화국 사역은 현지 사역자들에게 이양하고 현재는 아이티 사역에 전념하고 있다. 생마르에서 제자교회, 밀알클리닉, 제럴드 초중고등학교, 뉴라이프세미너리 사역에 힘쓰고 있다.

2014년 여름, 중미 과테말라에서 사역하는 젊은 미국 여선교사 미쉘 애커 페레즈(Michelle Acker Perez)는 자기 블로그에 "단기 선교에 대해 아무도 말해 주지 않는 것들"(Things No One Tells You About Going on Short-Term Mission Trips)이라는 글을 올렸다.

미쉘은 매년마다 단기 선교에 참여하는 미국 교회 성도들 150만 명과 20억 달러에 이르는 엄청난 비용을 언급하며, 대규모로 진행되는 단기 선교의 긍정적인 면과 부정적 면을 다루었다. 특히 현지에서 수많은 단기 팀을 맞이하여 함께 사역하는 장기 부부 선교사의 입장에서 여러 문제점을 조목조목 언급하고 건설적인 의견을 제시했다.

그 글은 SNS를 타고 5만 건에 가까운 '좋아요'를 클릭하게 했다. 단기 선교에 관심 있는 사람들이 수만 건에 달하는 댓글을 쓰고 공유했다. 왜 그렇게 많은 사람이 그 글에 공감하고 호응했을까? 단기 선교가 우리에게 남기는 의문점이 있기 때문일 것이다.

그러한 차원에서 "과연 단기 의료선교 역시 꼭 필요한가?"라는 질문을 던질 수 있을 것이다. 하지만 그 전에 먼저 일반적인 단기 선교의 타당성에 대해 질문하고 답하는 것이 순서일 것이다.

단기 선교의 실상은 매년 실시되는 단기 선교의 규모를 미루어 짐작할 수 있다. 미쉘이 언급한 바와 같이, 오로지 미주 지역에서만 매년 교회들이 단기 선교에 사용하는 재정이 20억 달러에 이른다. 단기 선교에 참여하는 각 개인은 평균적으로 1-3천 달러에 해당하는 재정을 지출

하는 것이다. 그런데 문제는 이런 어마어마한 재정을 매년 단기 선교에 쏟아붓고, 엄청난 인원이 단기 선교에 동참하는데, 회의적인 의견이 여기저기서 들려온다는 것이다.

첫째, 재정의 효율성을 지적한다. "이 막대한 재정을 더 효율적으로, 실제로 더 필요한 곳에 사용하면 어떨까?"라는 질문과 함께 말이다.

이런 지적을 하는 교회나 선교 사역 관계자들은 단기 선교 팀이 지출할 수밖에 없는 여행 경비를 가장 먼저 언급한다. 실제로 단기 선교에 투자되는 비용의 30-60퍼센트가 비행기와 현지 이동 수단에 사용된다. 이 비용을 현지에서 사역하는 장기 선교사의 사역에 힘을 싣도록 송금하는 것이 더 효율적이지 않을까 하는 의견을 조심스럽게 개진하는 것이다.

둘째, 사역의 효율성에 대한 문제를 많이 제기한다. 전문적인 선교 훈련을 받지 않거나 검증되지 않은 사람들이 단기 선교에 참여하면서 선교지에 베푸는 이득만큼이나 해를 끼친다는 점을 지적한다.

교회가 단기 선교에 임하는 자세에도 문제가 있다. 선교를 지상 목표로 삼고 목회하는 교회에서 보내는 단기 선교 팀과 그저 목회를 원활하게 하려는 수단으로 선교를 동원하는 교회에서 보내는 단기 선교 팀이 끼치는 영향력의 차이는 엄청나다. 브라이언 피커트(Brian Fikkert)와 스티브 코벳(Steve Corbett)은 『상처입은 이들을 도울 때』(When Helping Hurts)라는 저서에서 잘못된 동기로 하는 단기 선교가 엄청난 재정 지출과 함께 "효과적"으로 끼치는 악영향에 대해 상세히 서술해 놓았다.

미국의 저명한 기독교방송 CBN의 뉴스 리포터 척 홀튼(Chuck Holton)은 매년 단기 선교 팀이 방문하는 전 세계의 사역지를 찾아다니며 수백만 명이 참여하는 단기 선교 팀으로 인해 야기되는 문제점을 조사했다. 그 결과 다음과 같은 부정적인 사례들이 드러났다.

첫째, 단기 선교가 도움보다는 부담이 되는 사례가 있었다.

둘째, 단기 선교의 경험을 통해 장기 선교사로 헌신하게 된다고 믿는 일반적 기대와는 달리 오히려 선교의 부르심을 단기 선교의 형태로 대신하므로 전체적으로 새롭게 헌신하는 장기 선교사의 숫자가 줄어들고 있는 실정이다.

셋째, 실제로 장기 계획을 세우고 수행해야 하는 선교에 필요한 재정 창출에 단기 사역이 걸림돌이 되는 사례가 있었다.

나는 단기 선교 팀이 빈번히 방문하는 중미 도미니카공화국에서 10년간 사역하고, 아이티에서 10년간 사역해 오고 있다. 20년간 사역하면서 이러한 시각에 근거하여 단기 선교 팀 사역의 문제점을 보게 되었고, 나름대로 효과적인 대안을 제시하고자 한다. 일반적인 단기 선교의 문제점을 단기 의료선교도 마찬가지로 안고 수행하게 되는지, 아니면 그러한 단점을 어떻게 극복하고 효율적으로 사역할 수 있는지를 경험에 근거하여 짚어 보고자 한다.

선교지에서 사역하는 장기 선교사들이 단기 사역을 대하는 태도나 시각으로 인해 야기되는 문제점이 없는 것은 아니지만, 여기에서는 오로지 단기 선교에서 발생할 수 있는 문제점만 다루기로 한다.

왜 단기 선교가 지적의 대상이 되고 있는가?

모든 단기 선교 팀은 목표와 설렘을 갖고 선교 여정에 오른다. 그런데 이들을 향해 "쓸데없이 시간과 돈을 낭비하고 있다"는 차가운 시선과 우리 내부에서조차 "단기 선교를 계속해야 하는가?"라는 의문점이 더 많아지는 이유는 무엇일까? 이러한 비난을 초래하는 문제점을 현장에서 사역하는 입장에서 살펴보았다.

첫째, 방문하는 지역의 사역 형태, 사역 방향 및 상황과 상관없이 단기 팀의 사역 내용을 결정하고 그에 따라 현지 사역자나 사역 자체를 좌지우지하려는 모습을 볼 수 있다.

이것은 현지 문화나 사고방식을 충분히 이해하지 못하거나 존중하지 않을 때 발생한다. 방문한 지역의 교육, 문화, 영성 등 여러 면에서 우리가 현지인보다 우월하다는 사고방식을 갖기 쉽다. 더 나아가 지역의 특성과 상황을 고려하지 않고 이전에 사역했던 선교지에서 얻은 경험으로 미루어 짐작하여 현지인을 획일화된 시선으로 바라보며 자신들이 준비한 사역 프로그램과 운용 방식을 진행한다.

이런 문제를 피하기 위해서는 사전에 현지 답사나 사전 조사를 통해 선교지의 전체적인 면을 이해하려고 공부해야 한다. 그리고 현지 사역자와 충분한 교류를 통해서 우선순위와 긴급한 것이 무엇인지 잘 듣고 이에 맞게 목표를 정하고 실행하도록 준비하면 이런 어려움을 피할 수 있을 것으로 생각한다. 그렇지 않으면 많은 비용을 지불하고 간 단기 사역에서 시간과 재정과 에너지를 낭비하게 되고 목적을 이루지 못하게 된다.

둘째, 참여하는 교회나 개인이 단기 사역을 통한 열매를 너무 급하게 기대하고 많이 생각하고 오는 것이 문제일 수 있다.

단기 팀은 짧은 시간 내에 감정적, 감각적으로 느낄 수 있는 구체적인 사역의 결과를 보기 원한다. 다른 팀의 보고에서 그런 사역의 결과가 일어난 것을 들었거나 읽었다면 더욱 그럴 것이다. 구체적인 사역의 결과를 보고 싶어 하는 마음을 나쁘다고 할 수 없다. 때로는 실제로 기대한 만큼 사역의 결과가 나타나기도 한다. 하지만 선교 사역은 그렇게 쉽고 간단한 사역이 아니며 상황도 늘 다른 것이 보통이다.

너무 큰 기대는 현실과의 괴리감으로 인해 팀원들을 힘들게 할 수 있다. 때로는 기대한 것보다 더 부정적인 결과들이 발생하여 팀원들이 시험에 들기도 하고 단기 사역에 참여하고 싶다는 생각을 잃어버리게 만들기도 한다. 우리가 참여한 단기 사역에서 성령의 역사가 나타나고 기적이 일어나며 구원받은 자들이 더해지고 여러 좋은 변화들이 나타나도록 사역 전에, 사역 중에 그리고 사역 후에도 계속 기도하는 일을 쉬지 말자. 하나님은 우리의 기도를 들어주실 것이다. 그러나 성경은 우리는 심고 물을 주지만 자라게 하시는 분은 하나님이심을 가르치고 있다. 우리가 심지만 선교사들이 계속 물을 주도록 장기 선교사와 우리의 사역을 연결시키는 것도 단기 사역의 중요한 부분이다.

셋째, 너무 치밀하게 사역을 계획하는 프로그램 식의 진행을 하면 영적 부분이 약해지고 더 나아가 하나님의 역사를 제한할 수 있다는 것을 잊어버리기 때문이다.

사역지로 떠나기 전 단기 팀의 조직부터 재원 창출, 일정과 사역 실행에 이르기까지 빈틈없이 계획을 세우는 것이 바람직하다. 하지만 이것을 연례행사나 프로그램이나 프로젝트의 일환으로 진행하고 팀원들 안에 그리고 현지인들과의 사이에서 사랑과 돌봄과 소통과 성장이 없으면 사역이 아니라 하나의 일로 전락해 버리고 하나님의 역사는 제한된다.

실제로 시종일관 사역을 '완벽하게' 진행하고 사역지를 떠나는 단기 팀을 종종 보았다. 특히 의료 팀들이 더욱 그런 것 같다. 아침부터 저녁까지 계속 진료하고 수술하고 약을 주다 보면, 일정 내내 진료만 했다는 보고서 외에 특별한 일을 경험하지 못하게 된다. 그래서 어떤 팀원은 이번 단기 의료선교는 선교가 아니라 진료였다고 실망하는 표현을 사용하기도 한다. 정말 안타까운 일이 아닐 수 없다. 그래서 나는 진료를 줄이고 하나님과 선교에 집중하라고 권면한다.

이러한 여러 문제들이 배제되거나 최소화되도록 선교사와 단기 선교 팀이 같이 노력해야 한다. 우리가 단기 사역을 지속해야 한다고 목소리를 높일 수밖에 없는 중요한 이유를 두 가지로 정리해 보았다.

첫째, 단기 선교를 통해 청년들이 직접 눈으로 확인하고 사역에 동참하면, 보다 구체적이고 실질적인 헌신인 장기 선교로 한 걸음 더 다가가는 데 긍정적인 영향을 받게 된다. 그런 연결이 약해지고 있다는 보고가 점점 늘어나고 있지만 여전히 적지 않은 이들에게서 유효하게 역사가 일어나는 것을 목격하고 있다.

둘째, 선교 현장을 경험한 단기 선교 팀은 장기 선교사와 후방에서 지원하는 교회를 긴밀히 연결하는 중요한 고리가 된다. 기도와 실질적인 후원을 격려하여 선교지에서 장기 선교사가 계획한 사역을 수행하는 데 필요한 요구를 충족시키는 일에 앞장설 수 있다. 또한 장기 선교사의 사역에 지속적이고 정기적으로 동참하여 함께 열매를 맺는 동역자가 될 수 있다.

단기 선교의 중요성을 정리하면서, 동시에 단기 선교에서 거의 항상 같이 수행하게 되는 단기 의료선교의 효과를 살펴볼 필요가 있다.

단기 의료선교는 짧은 기간에 이뤄짐에도 불구하고 다른 어느 형태의 선교보다도 더 현지 주민들과의 접촉점을 풍성하게 제공한다. 선교를 수행하는 주체로서 얻을 수 있는 신뢰감의 차원에서 그 접촉점을 언급한다면, 짧은 기간에 이뤄질 수 있는 다른 형태의 사역보다 더 높은 신뢰감을 준다는 것이다. 단기 사역의 동역으로 누적된 힘을 얻은 장기 선교사가 교회 개척이나 교육 사역 등으로 복음을 전파하는 데 효과적인 사역 방법이다.

실제로 선교지에서 정기적인 단기 의료선교를 통해 선교 사역이 성공한 사례를 들며 단기 의료선교의 중요성을 다시 한번 강조하고자 한다.

Mission House of Freedom Center

아이티 중부 라티보닛의 중소도시 생마르에서 의료선교를 통해 맺은 선교 역사의 열매를 소개하겠다.

2006년 말, 세계에서 가장 가난한 나라 가운데 하나인 아이티의 선교 사역에 대한 소명을 받은 나는 현지 사역자 사무엘 목사와 함께 사역을 시작했다. 우리는 이전에 도미니카공화국에서 '성공적으로' 선교 사역을 했다. 교회를 개척하여 300여 명에 이르는 현지 성도들과 신앙생활을 했고, 진료소와 학교 등을 건립했다. 이후에 받은 소명에 순종하여 모든 사역을 인계하고 국경을 넘어 아이티로 갔다. 그 당시, 우리는 어느 교회나 선교단체에서 파송받은 것이 아니었다. 그저 맨손과 맨발로 소명을 빈 지역으로 향했다. 우리 두 사람의 손에는 아무것도 없었다. 누군가가 도와주겠다는 약속도 없는 상황이었다.

사역지로 자리를 잡은 곳은 아이티의 수도 포르토프랭스에서 북쪽으로 국도를 따라 100여 킬로미터 떨어진 생마르였다. 생마르는 10만의 인구가 사는 해변도시로, 사무엘 목사가 도미니카공화국으로 자비량 선교를 오기 전에 10년 넘게 가족과 함께 살던 곳이었다. 우리가 사역의 첫걸음을 내딛기에 적합한 곳이었다.

우리는 다른 사역지에서처럼, 생마르에서도 가장 먼저 작은 진료소를 마련하여 환자를 진찰했다. 동네 주민들과의 관계가 어느 정도 형성되자 교회를 개척하여 예배를 드리기 시작했다. 우리의 목표는 도미니카공화국에서 펼쳤던 선교 사역과 같은 모습의 교회 개척, 진료소 건립을 통한 의료 사역, 학교 설립을 통한 복음 전파였다.

정말 가진 것도 없고 연결된 곳도 없는 그곳에서 9년을 지냈다. 그동안 우리의 사역은 성장했다. 선교센터를 중심으로 교회, 진료소, 학교를 설립하여 지역사회에서 신망받는 기독교 단체로 서게 되었다. 우리가 사역을 통해 이룬 것을 숫자로 환산하면 다음과 같다.

- 9년간 진료한 환자 : 25,500명
- 개교 3년째인 기독학교 학생 : 510명
- 제자교회 성도 : 성인 80명, 아동 120명

〈고용 인원〉

- 학교 교사 및 직원 : 30명
- 의료진 : 7명
- 선교센터 스태프 : 12명
- 5년간 건축 공사에 참여한 사람 : 300여 명
- 9년간 집행된 예산 : 약 80만 달러(USD)

아무것도 없는 상태에서 이처럼 놀라운 성장을 이룬 가장 큰 원동력을 꼽으라면, 하나님의 도우심과 인도하심이라고 주저하지 않고 말할 수 있다. 하나님의 베푸심이 선교지에 이를 수 있도록 매개체가 된 것은 여러 교회의 단기 선교 사역이었다.

2007년부터 선교지를 방문한 여러 교회의 사역 중 가장 두드러진 것이 단기 의료선교였다. 앞에서 밝힌 것처럼 나의 사역을 포함하여 단기 의료선교 팀과 함께 진료하며 접촉점을 이룬 환자가 25,500명에 이른다. 중복된 숫자를 감안해도 지역사회 인구의 20퍼센트에 해당하는 이들이 단기 의료선교의 혜택을 누린 것은 참으로 놀라운 일이다.

이것이 바로 우리 선교회의 저력이 되었다. 선교회를 이끄는 아이티의 두 리더 어깨에 힘을 실어 주며 지역사회에서 신망받는 지도자로 서게 해주었다. 지역사회의 많은 부모들이 우리 학교에 자녀 교육을 맡기고 있다. 참고로 우리 선교회가 학교를 설립한 것은 불과 3년 전이다. 우리 학교는 라티보닛에서 정부가 인정한 두 번째로 우수한 학교로 선정되었다. 3년 동안이나 말이다. 아울러 전국에서 가장 우수한 60개 학교에 이름을 올리게 되었다.

이렇게 성공적인 선교 사역의 모델을 만들 수 있었던 것은 단기 의료 사역과 동역했기 때문이다. 단기 의료 사역이 어떻게 선교지에 막중한 영향력을 끼쳤는지 분석하면 CPR원칙이라 말할 수 있다.

- Coordinately 합력하여
- Professionally 전문적으로
- Regularly 지속적으로 행한다.

단기 사역을 "합력하여 이룬다"는 것은 현지에서 사역하는 장기 선교사와 사전 협의를 거쳐 선교지의 실정과 필요에 합당하게 전문적으로 이루는 것을 말한다. 이것은 앞서 지적한 단기 선교의 문제점에도 포함된다.

단기 의료선교 팀이 사역지를 방문하기 전, 사역지에서 발생하는 보건 상황에 맞게 사역하도록 사전 협의하여 전문적으로 사역한 사례는 다음과 같다.

사역 초기에는 일반적으로 선교지에서 환자 발생의 빈도가 높은 질병에 대한 의약품을 준비하고 그에 따른 진료를 했다. 아이티에 대지진이 발생한 2010년에는 부상자들을 대상으로 긴급 의료 지원을 했다. 사고로 팔다리를 잃은 피해자들에게 의수와 의족을 마련해 주었다. 그리고 대지진 이후 취약해진 의료체계와 밀집된 난민들 사이에서 콜레라 전염병이 급속히 퍼졌을 때는 콜레라 전담 클리닉과 필요한 의약품을 동원했다.

현재 아이티에서 가장 활발하게 진행되는 사역은 심장 질환 어린이들을 한국으로 데려가 수술을 받게 하는 것이다. 이 사역은 동역하고 있는 한인 선교사의 주관 아래 매년 활발하게 이뤄지고 있다. 이처럼 체계적이고 전문적인 맞춤형 사역은 현지 사역자들이 원활하게 사역할 수 있는 길을 열어 주고 힘을 실어 주는 훌륭한 발판이 된다.

이러한 사역을 진행해 온 단기 의료선교 팀은 2007년부터 지금까지 지속적으로 이곳을 방문하여 선교지의 필요와 요구를 충족시키는 사역을 함께 이뤄 가고 있다. 미국 얼바인에 있는 한인교회와 캐나다 토론토에 있는 한인교회가 단기 의료 팀을 구성하여 8년 동안 꾸준히 사역을 펼치고 있다. 단기 선교 팀이 장기 선교사들과 합력하여 전문적이고 지속적으로 한 선교지에서 사역을 펼쳐 나갈 때 하나님께 영광 돌리는 아름다운 열매를 맺을 수 있다.

이와 같은 단기 의료선교를 통해 아름다운 복음의 열매를 맺었고 계속하여 맺고 있는 선교사로서 단기 의료선교의 중요성을 재차 상소하고 알리며, 적극적으로 이 귀한 사역에 동참하기를 간절히 부탁한다.

3장

단기 의료선교,
하나님의 도구여야

서강석

서강석 원장은 전남대학교 의과대학을 졸업하고, 전남대학교병원에서 내과전문의와 소화기내과분과 전문의 과정을 마쳤으며, 광주기독병원에서 소화기내과 과장을 역임했다. 미국 뉴욕 메모리얼 슬로언케터링 암센터와 뉴욕 콜롬비아대학교 의대 암면역치료 연구소에서 연수했다. 의예과 시절, 믿음의 형제 자매들과 함께 기독 동아리를 설립했고 여러 선교단체의 훈련을 받았다. 광주겨자씨교회 의료 팀, 한국누가회 선교부, 복내전인치유선교센터를 섬기고 있으며, 서강석내과를 개원하여 전인 치유와 선교를 감당할 수 있는 병원을 준비하고 있다. 복내전인치유센터와 협력하여 하나님의 치유와 새로운 전인적 치유선교의 모델을 세워 가고, 다양한 어려움을 겪고 있는 선교사들을 위한 전인적 케어와 온전한 회복을 돕는 일에 동역할 예정이다.

"사랑이 없으면, 아무것도 아닙니다"(고전 13:2, 새번역).

오래전 단기 의료선교를 떠나기 전에 읽었던 책에서 받은 감동을 지금도 잊을 수 없다. 평소 진료와 여러 일들로 인해 지친 몸이었지만 가족들이 모두 잠든 늦은 밤, 베란다에 앉아 며칠 동안 우리나라 선교의 역사를 읽어 내려 갔다. 나는 너무나 귀중한 사실들을 새롭게 깨닫게 되었다. 중국과 일본 사이에 끼어서 눈에 잘 띄지 않는 우리 민족을 하나님이 기억하시고 놀라운 사랑과 긍휼을 부어 주셨다. 그 자체가 은혜였다.

하나님은 많은 사람들로 하여금 이 땅을 향해 기도하게 하셨다. 그리고 이 땅에 신실한 주의 종들을 보내 주셨다. 오직 예수 그리스도의 마음을 품고 이 땅에 들어온 선교사들은 열악한 환경 가운데서도 끝까지 포기하지 않고 목숨을 다해 사랑하고 복음을 전했다. 책의 후반부에 나온, 선교사들의 삶과 고백을 읽으면서 흐르는 눈물을 주체할 수 없었다. 우리 민족이 받은 사랑이 너무 컸다. 사랑과 복음에 큰 빚을 진 민족이 바로 우리임을 깨닫게 되었다.

인도 빈민가에서 사역하는 한 선교사가 운영하는 초등학교를 방문하게 되었다. 하수구 냄새가 나는 좁은 길을 걸어 올라가자 허름한 건물이 나왔다. 그 건물 2층에 교실이 있었는데 벽돌로 간신히 칸만 나눴을 뿐 창문도 없고 심지어 칠판조차 없었다. 교실에서 나와 비좁은 계단을 통해 3층으로 올라갔다. 이럴 수가! 천장이 없었다. 하늘과 맞닿아 있는 강당이었다. 이런 곳이 학교일까 싶었다. 그런데 수십 명의 인도 어린이들이 그곳에 앉아 있었다. 그 어린 영혼들의 커다란 눈망울을 바라보는데 깊은 감동이 밀려왔다. 그들이 너무 소중하게 느껴졌다. 내 눈에 눈물이 고이기 시작했다. 그때 주님이 "네가 이 영혼들을 진정으로 사랑하느냐?" 하고 물으시는 것 같았다. 지금까지 내가 무엇을 위해 바쁘게 살아왔는지 그리고 앞으로 무엇을 위해 살아야 옳은지를 생각하게 하셨다.

우리나라에 왔던 선교사들도 조선 사람을 보았을 때 분명 깊은 감동이 있었으리라. 그렇기에 돌에 맞아 턱이 터져도, 자녀들을 전염병으로 잃어도 이 땅을 떠나지 않았을 것이다. 복막염으로 고통 가운데 죽어 가면서도 조선 사람을 불러 달라고 하여 숨이 멎기까지 예수 그리스도를 전했던 것이다. 부르심에 대한 그들의 순종, 그리고 순수한 사랑과 헌신은 선교 역사를 통해 우리에게 주시는 소중한 영적 자산이다.

"사랑이 없으면 소리 나는 구리와 울리는 꽹과리가 되고"(고전 13:1). 선교에는 많은 훈련과 준비가 필요하지만 가장 중요한 것은 사랑의 능력이다. 사랑의 마음이 위에서부터 풍성히 부어질 때 현지 영혼들을 진정으로 사랑할 수 있고 사람의 생각을 뛰어넘는 변화의 역사를 일으킬 수 있다. 허드슨 테일러는 자신을 찾아온 선교 지망생에게 선교적 열정만 가시고는 부족하다고 했다. 고난과 시련 그리고 생명의 위협이 있는 선교적 상황에서 가장 필요한 것은 바로 '그리스도의 사랑'이라고 했다.

현지인과 관계 맺는 것(성육신적 단기 선교를 추구함)

P국 어느 지역에서 오전 진료를 마친 후였다. 점심시간에 현지인 교인들이 쪼그려 앉아 열대 과일을 깎고 있었다. 한국에서 온 진료 팀을 대접하기 위해서 말이다. 그런데 그 과일이 엄청 비싸서 현지인들도 1년에 한두 번 먹을까 말까 한다는 이야기를 듣게 되었다. 그들에게 너무 미안한 마음이 들었다. 그들을 섬기기 위해 아니 그들의 종으로 선교지에 와야 하는데 의도하지 않았지만 오히려 귀한 손님이 되어 버린 것이다. 이 경험은 현지인과 동등한 위치에서 사역해야 함을 다시 한번 일깨워 주었다.

<u>우리는 그들에게 어떤 존재이어야 하는가?</u>

현지인이 우리를 어떻게 보느냐는 정말 중요한 문제다. 부유한 한국에서 온 사람, 의료와 필요한 것들을 제공해 주는 봉사자, 여러 가지 문화를 보여 주는 공연자로만 인식된다면 그들에게서 진정한 변화를 이끌어 내기는 어려울 것이다. 물론 복음에 적대적인 지역에서는 지혜가 필요함을 부인하지 않는다.

단기 선교 팀이 준비하고 추구해야 할 것은, 모든 활동을 통해 예수 그리스도가 현지인들에게 보여져야 한다는 것이다. 선교는 어떤 프로그램이나 활동이 아니라 현지에서 하나님의 거룩하심과 생명을 드러내는 것이다. 이것이 현지인들에게 살아 있는 메시지가 되고 그들에게 변화를 일으키는 원천이 된다. 오늘날 우리가 행하고 있는 단기 선교는 이 원리에 얼마나 충실한가?

해외 단기 선교를 가면 평소에 접하지 못했던 새롭고 신기한 것들을 많이 보게 된다. 그래서 많은 팀원들이 사진기나 휴대폰을 꺼내 들고 여러 광경을 찍는 경우가 있다. 그러나 사진 찍는 일을 내려놓고 현지인들을 주님의 마음으로 바라보기를 권한다. 버스를 타고 이동하는 동안에도 현지인들을 바라보며 그들의 얼굴에 무엇이 나타나 있는지, 그들에게 소망이 있는지 찾아보자. 그들에게 주님의 생명이 임하시는 역사가 있기를 긍휼한 마음으로 간절히 기도하자. 주님께서 현지에서만 느낄 수 있는 감동을 주실 것이다.

모든 사역의 중반과 후반도 마찬가지다. 매일 사역하면서 만난 현지인들을 위해, 그리고 한국으로 돌아오기 전까지 그 땅의 영혼을 위해 눈물의 기도를 올려드리자. 이것이 단기 선교 팀의 마지막 사명이다. 혹시라도 너무 과한 문화체험이나 관광으로 단기 선교의 본질이 흐려지는 일이 없도록 주의해야 한다.

진료를 비롯한 여러 사역을 하면서 우리가 가져야 할 태도는, 주님의 모습을 본받는 것이다. 예수님이 세상을 구원하는 메시지를 인생에게 전하시기 위해 하신 일이 있다. 그것은 성육신의 삶, 즉 포기와 동일화의 삶을 사신 것이다.

월로우뱅크 보고서(The Willowbank Report)는 다음과 같이 서술한다. "예수님이 자신을 낮추신 것은 마음에서부터 시작되었다. '그는 근본 하나님의 본체시나 하나님과 동등됨을 취할 것으로 여기지 아니하시고'(빌 2:6). 그러므로 우리는 예수님의 마음을 우리 마음속에 새기며, 우리 자신보다 다른 사람을 더 귀히 여기고, 더 중요하게 여기는 겸손한 마음을 가져야 한다. 그리스도의 마음과 시각을 갖는 것은 인간의 무한한 가치를 인정하고 그런 인간을 섬기는 것이 특권임을 인정한다는 의미다. 성경은 '오히려 자기를 비워 종의 형체를 가지사 사람들과 같이 되셨고 사람의 모양으로 나타나사 자기를 낮추시고 죽기까지 복종하신'(빌 2:7-8) 희생과 포기에 대해 말한다. 예수님은 자신의 신분은 물론이고 독립과 면제받는 특권까지 포기하셨다."

히브리서(2:14-18, 4:15, 5:8)와 복음서는 우리와 같아지신 주님의 동일화 모습을 기술한다. 우리는 성육신하신 주님의 삶을 본받아 겸손하게 현지인을 섬겨야 한다.

P국의 다른 지역 현지인 제자들이 진료 통역을 마치고 돌아와 교회 밖 뒤편에서 자기들끼리 모여 식사하고 있었다. 교회 안쪽에는 단기 선교 팀원들이 식사하고 있었는데 자리가 부족해 같이 먹을 수가 없었다. 그래서 나는 조용히 밖으로 나와 현지인 제자들 사이에 자리를 잡고 앉아 함께 음식을 먹으며 교제했다. 그들이 좋아하는 표정이 역력했다. 손으로 음식을 집어 건네기도 하고 자기들이 먹던 스프를 권하기도 했다.

나는 위생상태를 염려하지 않고 그냥 믿음으로 먹었다.

　그들은 한국에 대해 궁금한 것이 많았다. 그들의 질문에 대답해 주면서 한국의 선교 역사도 간략하게 설명해 주었다. 한국이 변화된 것은 복음 때문이고, 복음을 전해 주는 나라가 진정으로 복을 받은 나라라고 말해 주었다. 또한 그들도 아브라함처럼 자기 민족과 이웃 나라에 하나님의 복을 전하는 자들이 되길 바란다는 말도 전해 주었다. 현지인 제자들과 식탁에서 교제하는 시간이 즐겁고 행복했다. 단기 팀원들끼리만 뭉치지 말고 할 수만 있으면 현지인들과 함께 교제하는 것이 좋다. 이것이 서로 하나님의 은혜를 나누고 민족을 초월한 교회 공동체를 이루는 것이다.

진료에서 영적 필요

단기 의료 사역을 할 때 많은 사람이 몰려오는 경우가 있다. 이들을 성실하게 진료하는 것도 중요하지만, 그 가운데는 영적 치유가 필요한 사람도 있음을 간과해서는 안 된다. 어쩌면 이런 사람들을 위해 단기 팀을 보내셨는지도 모른다. 우리는 늘 깨어서 이런 사역을 철저하게 준비해야 한다.

　P국에서 진료하다가 한 아주머니를 만나게 되었다. 고혈압, 당뇨와 함께 무릎과 허리에 심한 관절염을 앓고 있었는데 자기 인생을 한탄하며 더 이상 살고 싶지 않다고 했다. 아주머니에게는 약 이상의 어떤 것이

필요했다. "당신은 하나님이 창조하신 소중한 존재"이며, 하나님이 그분의 큰 사랑을 부어 주시기를 얼마나 간절히 원하시는지를 말해 주었다. 그리고 송명희 시인의 고백을 영어로 써서 전해 주었다. 힘들고 고통스러울 때마다 그 고백을 읽으면서 감사와 믿음을 회복할 것을 권유하며, 기도 팀에 안내해 주었다. 한국에서 오신 목사님과 성도들 외에도 현지인 사역자들이 함께 기도 팀으로 구성되어 있었다. 기도 팀은 아주머니에게 하나님의 치유가 임하기를 간절히 기도해 주었다.

얼마 후에는 젊은 여인이 와서 불면증을 호소하며 수면제를 달라고 했다. 우리에게 수면제도 없었거니와 젊은 여인이 잠을 이루지 못하는 이유가 있었을 것 같았다. 다행히 여인은 자기 상황을 허심탄회하게 털어 놓았다. 남편이 마약 중독으로 집을 나가 버려서 어린아이와 함께 부모님 집에서 살고 있는데 자신도 너무 힘들고 괴로워서 약물(drug)에 손을 대기 시작했다고 한다. 결국 자신도 약물 사용자가 되었고, 아침에 눈 뜨는 것이 괴롭고 인생의 아무런 희망도 없어 그냥 자살하고 싶다고 했다.

이 여인에게 하나님 안에 있는 축복의 삶과 하나님 밖에 있는 저주의 삶에 대해 이야기해 주었다. 고통 중에 있는 사람들을 위해 예수 그리스도가 오셔서 죄와 저주의 문제를 해결해 주신 것을 알려 주었다. 죄악 가운데 있는 사람들을 하나님 안으로 인도하기 위해 예수님이 십자가를 지신 것을 말해 주며, 여인에게 예수님을 영접할 것을 권유했다. 통역을 도왔던 현지인 제자가 영접 기도를 안내하자 여인이 영접 기도를 따라 했다. 여인에게 믿음에 굳게 설 것을 권유하고 기도 팀에 안내해 주었다.

선교지에는 이보다 더 큰 영적 문제를 지닌 현지인들이 많다. 이런 경험을 할수록 우리는 진료 팀에만 머무를 것이 아니라 치유 팀으로 준비되어 사역해야 함을 깨닫게 된다. 의료 선교는 의학적 치료(medical treatment)가 아닌 치유 사역(healing mission)이다.

<u>현지 교회에서의 진료와 중보 사역</u>

가장 기억에 남는 단기 의료선교 중 하나는 어느 선교회에서 선교 훈련을 마치고 M국에 비전 트립을 간 것이다. 그 단기 의료선교에는 몇 가지 특별한 점이 있었다.

첫째, 선교지를 방문하기 전 단기 팀의 선교에 대한 자세와 각오를 일깨워 주는 일이 있었다. 현지 선교사에게 방문 가능성을 물어봤는데 약간 의외의 답장을 받게 되었다. 그렇지만 선교 팀에게 많은 도전이 되었기에 그 내용을 소개한다.

감사드립니다. 메일을 읽고 한참 동안 고민했습니다. 그러다가 답장을 드립니다. 우리는 이런 분들을 환영합니다.
1. 피의 십자가를 질 수 있는 분. '슌교'라는 대주제, 그리고 예수님 때문에 두들겨 맞고, 고난당하고, 경찰에 끌려가고, 감옥 정도는 갈 수 있는 분.

2. 최권능 목사님처럼 "예수 천국, 불신 지옥"을 외치다가 죽을 위기를 당해도 기쁘게 살 분.

3. 아도니람 저드슨처럼 선교지에서 자녀 여섯 명이 죽어도 떠나지 않을 분.

4. 허드슨 테일러처럼 중국 전체를 품고, 선교적 전략 마인드와 주님의 방향에 맞는 선교적 시야를 가진 분.

5. 길선주 장로님처럼 대중 앞에서 자기 죄를 고백할 수 있는 믿음과 용기를 가진 분.

6. 존 윌리엄스처럼 큰 교회의 담임 목사직을 거부하고 선교지로 가서 그 땅의 영혼들을 사랑하여 순교할 수 있는 분.

7. 스터드처럼 조국의 모든 풍성함과 부유함을 버리고 선교지로 가서 평생 동안 그 땅의 영혼들을 사랑할 수 있는 분.

8. 손양원 목사님처럼 잃어버린 영혼을 사랑하여 자신의 모든 것을 드릴 수 있는 분.

9. 사무엘 마펫(평양 기독교의 창설자, 한국 이름 마포삼열)처럼 오직 제자 양성에 목숨을 걸고 뛰어난 일꾼들을 길러 낼 수 있는 분.

10. 선교의 정의를 제대로 내릴 수 있는 분. 오직 십자가 부활 복음으로 이 땅의 모든 영광과 높임을 거부하고 겸손하게 예수님처럼 살 수 있는 분.

11. 선교사는 예수님처럼 십자가를 지고 갈 때 이루어진다는 고난의 십자가에 대한 개념이 정리된 분.

이런 분들이라면, 그리고 이런 마음을 가진 분들이라면 모두 환영합니다.

단기 선교 팀에게 많은 것을 생각하게 하는 답신이었다. 우리는 어떤 각오와 헌신의 자세로 선교지에 가는가? 사역 기간이 짧다고 해도 선교에 대한 자세와 영성에 대한 요구는 결코 축소되지 않는다. 얼마만큼 준비되어 하나님의 인도하심을 받느냐에 따라 그 역사가 달라진다.

둘째, 현지인 교회에서 비교적 충분한 시간을 갖고 적절한 수의 사람들을 정성껏 진료하고 아픈 사람들을 위해 간절히 기도했다. 현지인 교회 세 군데를 방문했는데, 선교사가 양육하고 훈련한 제자들이 전도사로 세움받아 사역하고 있었다. 그런데 외부의 핍박이 끊이지 않았다. 돌을 던지기도 하고 현지인 전도사를 위협하기도 했다. 목회자를 비롯한 기도 팀은 하나님의 치유와 역사를 간절히 구했다.

교회에 진료를 받으러 온 주민들 가운데는 하나님의 존재를 처음으로 알게 된 사람도 있었다. 나중에, 주민들이 사랑과 치료를 통해 병에서 벗어나고, 교회를 핍박하던 사람이 교회에 와서 예배하는 사람이 되었다는 소식을 듣게 되었다(책 뒷부분에 실린 현지인 전도사들의 간증문을 참고하기 바란다).

셋째, 현지인 전도사를 위해 간절히 중보하는 시간을 가졌다. 진료를 모두 마친 후에, 열악한 환경에서 사역하고 있는 현지인 여자 전도사님을 가운데로 모셨다. 그리고 선교 팀원들이 전도사님의 몸에 손을 얹고 하나님의 위로와 사랑과 능력을 부어 달라고, 그 시역을 복음으로 변화시켜 달라고 간절히 부르짖으며 기도했다. 기도를 마친 후 현지인 전도사님의 눈에 눈물이 가득했다. 아마도 하나님의 놀라운 위로와 사랑을 경험했을 것이다. 하나님은 선교사들과 현지인 사역자들에게 그분의 위로와 사랑, 새 힘을 공급하는 통로로 단기 선교 팀을 사용하셨다. 이것도 경건과 영성이 잘 준비된 단기 팀의 중요한 사역 중 하나다.

넷째, 현지인 제자들이 헌신을 아끼지 않았다. 통역을 맡았던 한 여제자가 개인적으로 자기 이야기를 들려주었다. 어학과 실력이 뛰어난 그 자매는 어느 신학교의 교수직을 제안받았는데 거절했다고 한다. 그 신학교에는 말씀의 생명력이 없어서라고 했다. 그 자매는 이곳 사역지가 힘들지만 말씀이 살아 있기에 선택했다고 한다.

현지인 제자들 중 일부가 한국에 초청된 적이 있었다. 그들은 한국에서 여러 선교 유적지를 방문하게 되었다. 그들과 동행했던 한 권사님은 그들이 문준경 전도사님이 순교한 증도와 손양원 목사님 묘지 앞에서 순교 이야기를 듣고는 꿇어 엎드려 한 시간 이상 울면서 기도하는 모습을 보고서 아주 놀랐으며 한국인 신자로서 오히려 부끄러움을 느꼈다고 한다. 그들이 고국으로 돌아갈 때 "한국이 복음화된 것은 순교의 피가 뿌려졌기 때문임을 알게 되었다. 우리나라(M국)가 아직 복음화되지 않은 것은 순교의 피가 뿌려지지 않았기 때문이다. 우리가 민족을 위해 순교하자"라고 서로 이야기를 나누었다고 한다. 이처럼 충성되고 헌신된 현지인 제자들을 만날 수 있는 것은 큰 기쁨이다. 이런 제자들이 선교지에서 많이 일어나도록 기도하고 동역해야 할 사명이 우리에게 있다.

예배가 존재하지 않는 곳이 바로 선교지다

간혹 경제적 여건이 비교적 좋은 도시로 단기 선교를 가는 경우가 있다. 가난하고 소외된 지역도 많은데 이런 도시에도 선교하러 가야 하는지 의문이 들기도 한다. 하지만 오늘날 도시는 선교적으로 매우 중요한 의미를 지니고 있다. 도시의 선교적 이해는 과거보다 폭이 넓어지고 깊어졌다. 존 파이퍼는 그의 저서 『열방을 향해 가라』(Let the Nations Be Glad)에서 "선교가 존재하는 이유는 예배가 존재하지 않기 때문이다"고 말했다. 다시 말해서, 예배가 없는 곳이라면 그곳이 가난하고 소외된 지역이든 여건이 좋은 곳이든 선교지라는 것이다.

어떤 특별한 이유가 있어서 한 도시의 마사지숍을 방문하게 되었다. 처음에는 '이런 곳까지 가야 하나?'라는 생각이 들었다. 하지만 문득 '마사지사들은 복음을 들었을까?'라는 생각이 스쳤다. 복음이 없다면 그곳이 바로 선교지라는 생각이 들었다. '그들에게도 복음이 필요하므로 나를 보내신 것은 아닐까?'라고 여기며 대기실에 앉아 기도했다. 복음이 꼭 필요한 사람을 만나게 해달라고 말이다. 그리고 나서 요한복음 1장 1-12절을 스마트폰 화면에서 한번에 볼 수 있도록 편집했다.

그곳에서 한 여자 마사지사를 만나게 되었다. 팁을 조금 많이 주고 그녀에게 15분만 시간을 내달라고 부탁했다. 나는 마사지를 받으려고 온 것이 아니라 당신을 만나려고 왔으며, 당신과의 만남을 위해 대기실에서 기도를 했노라고 말해 주었다. 꼭 전해 주고 싶은 것이 있다며 스마트폰 화면으로 요한복음 1장 말씀을 보여 주었다. 천천히 읽어 볼 것을 권유하자, 그녀는 천천히 또박또박 말씀을 읽어 내려갔다. 나는 그 말씀의 의미를 설명하며 하나님과 예수님의 사랑이 얼마나 큰지 말해 주었다.

예수님을 영접할 것을 권유하자 감사하게도 그녀는 예수님을 영접했다. 그녀의 눈에 눈물이 고여 있었다. 눈물을 흘리며 감사하다는 말을 몇 번이나 했다. 그녀는 자신이 고아가 된 사정과 그곳에서 일하게 된 경위를 말해 주었다. 나는 하나님의 자녀가 된 신분과 축복이 무엇인지 알려 주었고 하나님이 자매의 인생을 반드시 지키고 인도하실 것이라 격려해 주었다.

성경은 "너는 말씀을 전파하라 때를 얻든지 못 얻든지 항상 힘쓰라"고 말한다(딤후 4:2). 하나님이 어디로 보내시든지 우리는 복음의 충실한 일꾼이 되어야 한다. 빌립도 하나님의 영에 이끌려 복음이 필요한 에티오피아 내시에게 가서 예수 그리스도의 복음을 전했다. 단기 선교는 평소 우리의 것을 들어 사용하시는 하나님의 특별한 역사다. 그러므로 우리는 말씀과 영성으로 훈련되어 주님이 쓰시기에 합당한 사람으로 준비되어야 한다.

하나님의 선교 vs 내 선교

성경과 선교 역사에 대해 묵상하다 보면, 하나님이 온 세계의 역사를 주관하시고 모든 족속을 향한 그분의 뜻을 이뤄 가시는 것을 깨닫게 된다. 선교는 이런 하나님의 목적을 이루는 그분의 역사다. 그렇다면 단기 선교도 하나님의 거대한 뜻과 계획을 이뤄 가는 데 쓰임받는 귀한 헌신이어야 한다.

단기 선교는 결코 가볍지 않다. 오히려 하나님의 강권적 역사와 그분의 충만하심이 드러나는 소중한 도구다. 최근 단기 선교에 대한 여러 관점이 제시되고 있다. 이 시대에 바람직한 단기 선교의 원칙과 본을 세우라는 도전을 받고 있다. 다시 한번 말씀의 원리로 돌아가 기도하며 하나님의 지혜를 구할 때 이 시대에 합당한 모델이 세워질 것이다.

로저 피터슨(Roger Peterson)은 "하나님의 선교 혹은 내 선교? 세계를 향한 하나님의 목적을 완성하는 일에 단기 선교를 사용하라"(Missio Dei or "Missio Me"? Using Short-Term Missions to Contribute toward the Fulfillment of God's Global Purpose)는 글에서 이렇게 말했다. "하나님의 선교 혹은 라틴어로 '미시오 데이'(missio Dei)라고 하는 하나님의 목적은 수천 년 동안 전 세계에 나타나고 있다. 하나님이 행하고 계신 일들을 우리가 얼마나 정직하게 이해하고 공헌하려 하느냐는 단기 선교를 서투른 '나의 선교'로 변질시키지 않게 해주며 단기 사역자들을 '미시오 데이'에 적합한 일꾼으로 세우는 조건이 된다.—단기 선교 여행을 만드는 일을 중단하고 세계를 향한 하나님의 목적을 완성하는 참된 단기 선교에 참여해야 한다.—선교의 완성을 추구하시는 하나님과 우리가 얼마나 일치하느냐로 단기 선교를 평가해야 한다." 이 글은 우리에게 많은 것을 교훈하고 있다. 성경적인 단기 선교 회복 운동은 오늘날의 선교를 새롭게 하는 데도 귀중한 기여를 하게 될 것이다.

우리는 특별한 은혜를 입은 민족이다. 우리 민족에게는 그분의 부르심이 있다. 유럽과 북미를 거쳐 전해진 복음이 우리나라에서 순수하고 복음적이며 영성 있는 총체적 선교로 새로워져 모든 민족이 그분의 복안으로 들어오는 역사를 수종드는 민족으로 부르신 것이다. 믿음의 선진들도 부러워할 이 얼마나 영광스런 직분인가? 하나님은 우리의 기도와 순종을 기다리고 계신다.

4장

단기 의료선교에 임하는 자세

우상두

우상두 장로는 대학 입학 직전에 예수님을 영접하고, 대학생 선교단체에서 체계적인 제자 훈련을 받고 지역 교회에서 신앙생활 훈련을 받았다. 수년간의 회의와 고민 끝에 말씀을 통해 구원의 확신을 받고 성령 세례를 경험한 후 말씀이 살아 역사함을 체험했다. 서울대학교 치과대학을 졸업하고 석사와 박사 학위를 취득했다. 교수직에 대한 미련을 내려놓고 개원했을 때, 첫 해외 여행지인 방글라데시에서 전문인 선교의 소명을 받았다. 이후 치과의료선교회에서 총무, 회장을 역임하면서 창의적 접근 지역에서의 전문인 선교를 전략적으로 실천해 오고 있다. 치과의료계 학생들을 대상으로 한 선교수련회를 주관하여 1997년 이래 20년간에 걸쳐 40차에 이르는 동안 전문인 선교의 차세대를 길러내고 있다. 또한 모든 기독교 사역의 중심에는 말씀 안에 거하며 성령의 인도함을 받는 제자도가 있다는 확신을 갖고 1991년 이래 개원한 치과에서 지속적으로 말씀 사역을 하고 있다.

단기 의료선교에 임하는 자세를 다음과 같이 생각해 볼 수 있다.

1. 기본 자세

하나님의 사역에 동참할 때 그리스도인이 가져야 할 자세는 하나님의 부르심에 겸손히 순종하는 것이다.

1) 겸손

"겸손과 여호와를 경외함의 보상은 재물과 영광과 생명이니라"(잠 22:4).

장단기 모든 사역자들이 겪는 관계 갈등의 밑바탕에는 교만이 깔려 있다. 교만을 버리고 겸손해지면, 자신의 부족함을 인정하고 다른 사람의 충고에 귀를 기울이게 된다. 자신이 모든 것을 아는 게 아님을 인정하고 모든 사람에게서 배울 수 있다. 현지에서 문화적 갈등을 겪는 이유도, 자기 문화가 우월하다는 잠재의식과 밀접한 관련이 있다. 문화는 우월과 열등의 문제가 아니라 서로 다른 것이라는 사실만 인정해도 문화적으로 '유쾌하게' 적응할 수 있다. 현지 언어도 어린아이와 같이 자신을 낮추면 잘 배울 수 있다.

우리가 의료선교를 떠날 때 무언가를 주려고 가는 것이 맞지만, 그것이 내 것이 아니라 하나님이 내게 잠시 맡기신 것임을 인식하면 현지인에게 군림하는 자세를 가질 수 없다. 동시에 우리가 모르는 무언가를 배우고 받아들이는 자세를 가질 때, 현지인과 화평하게 교제할 수 있다.

2) 하나님의 뜻을 따름

선교에 동참하는 사람이 어찌 하나님의 뜻을 따르지 않을 수 있겠는가? 당연히 하나님의 뜻을 따른다고 할 것이다. 그럼에도 불구하고 끝까지 하나님의 뜻을 따르는 것이 쉽지 않음을 고백하게 된다. 예수님의 마지막 기도를 보라. "내 아버지여, 만일 할 만하시거든 이 잔을 내게서 지나가게 하옵소서. 그러나 나의 원대로 마시옵고 아버지의 원대로 하옵소서"(마 26:39). 하나님의 뜻을 따르기 위해 예수님이 심하게 고통당하신 것은 우리 모두가 아는 사실이다.

놀라운 신앙 고백을 했던 베드로를 예수님이 얼마 지나지 않아 질타하신 것을 생각해 보라. "사탄아, 내 뒤로 물러가라. 너는 나를 넘어지게 하는 자로다. 네가 하나님의 일을 생각하지 아니하고 도리어 사람의 일을 생각하는도다"(마 16:23). 이 말씀은, 한때는 하나님의 뜻 가운데 섰지만, 바로 다음 순간 빗나갈 수 있음을 분명히 보여 준다.

3) 성령을 의지함

선교에 동참하는 사람이라면 사도행전에 나오는 지상명령을 잘 알 것이다. "오직 성령이 너희에게 임하시면 너희가 권능을 받고 예루살렘과 온 유대와 사마리아와 땅끝까지 이르러 내 증인이 되리라"(행 1:8).

예수 그리스도의 죽음과 부활의 증인은 사람의 힘과 지혜와 말의 논리로 되는 것이 아니다. 성령이 임하셔야 가능하다. 성령이 임하셔야 '성령의 권능'으로 그리스도의 증인이 된다. 그래서 선교를 성령 사역이라고 하는 것이다. 우리가 선교에 동참한다면 당연히 성령을 의지해야 한다.

하지만 성령을 지속적으로 의지하기란 말처럼 쉽지 않다. 그래서 바울 사도는 여러 번 권면한다. "내가 이르노니 너희는 성령을 따라 행하라. 그리하면 육체의 욕심을 이루지 아니하리라"(갈 5:16).

성령을 따라 믿음으로 살다가 그 길에서 벗어난 갈라디아 성도들을 질책하기도 했다. "너희가 이같이 어리석으냐! 성령으로 시작하였다가 이제는 육체로 마치겠느냐?"(갈 3:3)

바울 사도는 그리스도인의 삶은 성령의 역사를 따라야 함을 분명히 밝혔다. "무릇 하나님의 영으로 인도함을 받는 사람은 곧 하나님의 아들이라"(롬 8:14).

선교가 성령의 사역이고, 하나님의 영으로 인도함을 받는 사람이 하나님의 자녀라면, 단기 의료선교에 참여하는 사람도 예외일 수 없다. 반드시 성령의 인도함을 받아야 한다.

4) 비전을 따라 기도함

비전은 사람이 세운 계획이나 목표가 아니다. 하나님이 택하신 백성에게 보여 주시는 것을 비전이라고 한다. 아브라함에게는 하늘의 별을 보여 주셨다. 아브라함에게 주신 비전은 하늘의 별과 같이 무수한 자손이었다. 아브라함은 결코 자기 힘으로 자식을 낳을 수 없었다. 그러나 하나님은 죽은 자 같은 아브라함에게 뭇별과 같은 자손을 보여 주셨다.

요셉은 하나님의 비전을 두 개의 꿈으로 받았다. 그러나 그 꿈을 이루기 위해 자신이 계획하고 실천한 것은 하나도 없었다. 그는 단지 하나님 앞에서 살았을 뿐이다(창 39:9). 심지어 종으로 팔리고, 억울하게 옥에 갇혔을 때도 하나님이 그와 늘 함께하셨다. 마침내 그는 하나님의 비전이 이루어진 것을 깨닫게 되었다. "요셉이 그들에게 대하여 꾼 꿈을 생각하고"(창 42:9).

그렇다면 단기 선교의 비전은 무엇일까? 하나님은 무엇으로 자기 백성을 부르시는가? 그것은 아브라함의 믿음으로 땅의 모든 족속이 복을 받는 것이다. 그 믿음은 예수 그리스도를 향하고 있다. 그리스도를 통해 열방이 회복되는 것이 바로 선교의 비전이다.

그러므로 단기 선교도 열방이 예수 그리스도를 믿음으로 하나님께로 돌아오는 것을 보아야 한다. 그 비전이 이루어지기까지 아브라함처럼, 매일 믿음의 발걸음을 내딛어야 한다. 진료 준비를 하고, 의약품을 정리하고, 사람들에게 기도제목을 알리고, 후원을 받는 일 등이 모든 족속이 주 앞에 나아와 찬양하게 될 날을 바라보는 것과 연결되어 있다.

예수님은 제자들에게 비전을 주셨다.

"추수할 것은 많되 일꾼이 적으니 그러므로 추수하는 주인에게 청하여 추수할 일꾼들을 보내 주소서 하라"(마 9:37-38).

"거두는 자가 이미 삯도 받고 영생에 이르는 열매를 모으나니 이는 뿌리는 자와 거두는 자가 함께 즐거워하게 하려 함이라. 그런즉 한 사람이 심고 다른 사람이 거둔다 하는 말이 옳도다"(요 4:36-37).

"이같이 그리스도가 고난을 받고 제삼일에 죽은 자 가운데서 살아날 것과 또 그의 이름으로 죄 사함을 받게 하는 회개가 예루살렘에서 시작하여 모든 족속에게 전파될 것이 기록되었으니 너희는 이 모든 일의 증인이라"(눅 24:46-48).

모든 족속에게 생명의 복음이 전파될 것이다. 그리스도인이라면 누구나 이 일에 부르심을 받았다. 하나님은 누구를 통해서라도 이 일을 이루실 것이며, 단기 의료선교도 그 부르심 가운데 있다.

2. 의료선교에 동참하기 위한 자세

21세기에도 의료선교는 아주 유용하다. 전 세계의 인류 대부분이 '적절한 건강'의 혜택을 누리지 못하고 있기 때문이다. 기독교화된 서구가 아닌 세계 3분의 2 나라에서는 의료인의 방문을 거절하지 않는다. '의료'를 미끼로 복음을 강요하는 것은 사람들에게 거부감을 줄 수 있지만, 예수님이 그러하셨듯 가난하고 병든 자들을 불쌍히 여기는 순수한 마음으로 돌볼 때는 사람들의 마음에 감동을 주게 된다.

그러므로 단기 의료선교는 '하나님의 형상대로 지음을 받은 사람'에 대한 그리스도의 사랑으로 나아가야 한다. 실제로 그들에게 도움이 되도록 준비해야 한다.

1) 현지 사역자의 안내와 지시를 따르라.

선교지 사정은 현지에서 일하는 사역자가 가장 잘 알고 있다. 그렇다고 해서 현지 사역자가 모든 것을 다 안다는 뜻은 아니다. 현지 사역자도 외부인으로서 현지에 대해 경험한 것과 다른 사람에게 전해 들어서 알게 된 것 이상은 알지 못할 수 있다. 다른 통계 자료들도 참조하는 것이 좋다. 그래도 1-2주의 짧은 기간의 사역을 위해서는 현지 사역자의 지시를 따르는 것이 마땅하다.

2) 현지 사역자가 요청하는 사역을 준비하라.

짧은 기간의 사역을 통해 효과를 보려면, 현지 사역자의 장기 계획 가운데 일부를 담당하는 것이므로 현지 사역자와 협의하면서 사역을 준비해야 한다.

  예를 들어, 장기 의료선교사가 현지에서 혼자 수술할 수 없는 백내장 환자를 평소에 등록시켜 놓았다가, 안과 의료선교 팀이 방문했을 때 3-5일 동안 집중적으로 수술할 수 있다. 그러면 큰 효과를 볼 수 있다. 치과 의료선교 팀의 경우, 1년에 한 번 구강외과 팀이 와서 구순열(cleft lip) 수술을 시행하여 현지에 큰 도움을 주었다.

3) 가능하면 같은 지역을 반복해서 방문하라.

단기 의료선교에 동참하는 사람들은 여러 나라를 돌아보고 싶은 마음이 있을 것이다. 그래서 매년 다른 나라를 간다는 이야기를 들은 적도 있다. 자신을 위해 폭넓은 경험을 하는 것이 나쁘다고는 할 수 없다. 하지만 선교의 목표가 '복음으로 사람을 변화시키는 것'이라면, 그 변화가 일어나기까지 한 지역을 계속 섬기는 것이 중요하다는 생각이 든다.

같은 지역을 3-5년 동안 지속적으로 방문하면 어떤 일이 생길까? 1-2주 내의 짧은 기간에 방문하는 사람이라도 우선 현지인과 친분이 생기게 된다. 그리고 현지 사역자와 깊은 교제를 나누면서 현지를 위해 구체적으로 기도하고 지원하게 된다. 더 나아가 현지에 대한 전문적 지식을 갖게 되고 문화적 이해가 깊어지면 장기 사역의 효과를 볼 수 있다.

치과의료선교회는 1994년부터 '전략적 단기 선교'라는 명칭으로 이같은 방식을 사용하고 있다. 실행이사들은 비록 선교사는 아니지만, 자신이 섬기는 지역을 정하고 지속적으로 방문하여 선교사들을 돕고 있다. 의료인으로서의 '직업적 전문성'과 함께 사역지에 대한 깊은 이해를 바탕으로 '지역적 전문성'을 갖추고 있다.

4) 단기로 가더라도 기도 후원자를 모집하라.

예수님이나 바울 사도의 사역이 장기 사역이었을까? 성경을 주의 깊게 읽어 보면, 초단기 사역이었다는 것을 알 수 있다. 바울의 사역 가운데 장기 사역은 에베소에서 2년 3개월, 고린도에서 1년 6개월이었다. 그 외에는 안식일(데살로니가), 혹은 몇 주의(빌립보) 사역이었다.

장기 사역에만 기도 후원이 필요한 것이 아니다. 1-2주의 단기 사역도 사탄의 공격 대상이다. 단기 선교에 참여하는 입장에서도 기도 후원을 요청하고 사역에 대해 설명하면서 마음 자세가 견고해진다. 선교는 기도와 함께 진행된다는 수많은 간증과 증거가 있다. 단기 선교는 반드시 기도로 준비해야 하며 기도 후원이 필요하다.

바울도 복음 사역을 위해 어린 신자들에게 기도를 요청했다. "모든 기도와 간구를 하되 항상 성령 안에서 기도하고 이를 위하여 깨어 구하기를 항상 힘쓰며 여러 성도를 위하여 구하라. 또 나를 위하여 구할 것은 내게 말씀을 주사 나로 입을 열어 복음의 비밀을 담대히 알리게 하옵소서 할 것이니"(엡 6:18-19).

기도하는 사람의 능력이 아니라, 기도를 들으시는 하나님의 능력이 놀라운 일을 행한다.

3. 결론

21세기 선교의 주요 특징을 정리하면 다음과 같다.

1) 팀워크

교회와 선교단체, 교회와 교회, 선교단체와 선교단체 사이의 팀워크와 모든 기독교 사역자 사이의 팀워크가 이루어지고 있다.

2) 네트워킹

컴퓨터와 인터넷이 가져온 삶의 혁명은 선교에도 영향을 끼쳤다. 선교는 이런 문명의 이기를 적극적으로 활용하고 있다. 다양한 직종과 단체와 은사가 서로 연결되고, 한 지역을 변화시키기 위해 인적 자원과 물적 자원이 연결되고 있다.

3) 전문인 선교

모든 직업이 하나님의 나라 확장에 쓰임받고 있다. 신학을 마친 목회자뿐 아니라 전문인 선교도 지속적으로 확산되고 있다. 특히 의료선교는 전문인 선교 중에서도 복음이 필요한 지역에 접근하기 좋을 뿐 아니라, 심령을 만지는 소중한 도구로 쓰임받고 있다.

4) 단기 사역

선교지에서 장기 비자를 얻는 것이 실제로 어렵지만, 교통과 통신의 발달로 '비거주 사역'이 원활해지면서 단기 사역의 역할이 강화되었다. 전략적으로 단기 사역을 활용한다면, 장기 사역의 효과를 볼 수 있다. 단기 의료선교는 21세기 선교의 핵심이 담겨 있는 소중한 사역이다. 이 사역을 통해 그리스도를 증거하고 하나님께 영광을 돌리자.

5장

단기 의료선교의 새로운 패러다임을 찾아서*

박경남

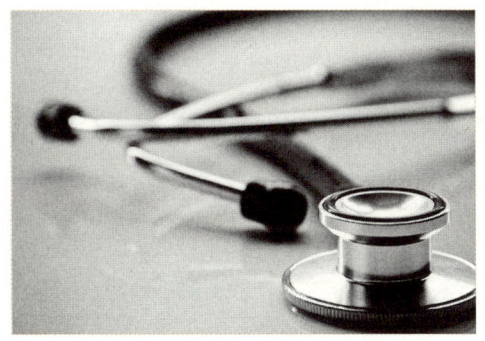

박경남 선교사는 중학교 진학 무렵 고향의 천막교회에서 열린 부흥회에서 "복음의 빚을 갚으러 가자"는 말씀에 반응하여 서원했으며, 고등학교 시절 의료선교의 부르심을 받았다. 한국누가회(CMF)에서 활동하면서 의료선교의 꿈을 구체적으로 키울 수 있었다. 연세대학교 원주의과대학을 졸업했고, 원주세브란스기독병원에서 외과전문의 과정을 마쳤다. 2001년 중앙아시아 단기 선교를 통해 부부가 모두 부르심을 확인했고, WEC국제선교회 소속으로 뉴질랜드 이스트웨스트 칼리지(Eastwest college)와 미국에서의 훈련을 마쳤다. 서남아시아의 이슬람 국가에서 2007년까지 섬겼다. 현재는 WEC국제선교회(www.weckr.org) 한국 대표로 섬기고 있다.

* 이 글은 2015년 11월 7일 영락교회에서 열렸던 제2차 교회연합 의료선교세미나 발제의 글을 편집 및 개정하여 수록한 것이다.

1. 들어가는 말

우리는 선교가 보편화된 시대에 살고 있다. '선교한국 파트너스'의 보고에 따르면, 한 해에 단기 선교를 떠나는 사람이 10만 명을 넘는다고 한다. 실제로 청소년부터 노인에 이르기까지 선교 여행을 적어도 한 번은 가 봤을 정도다. 이런 단기 팀에는 의료인이 적어도 한두 명 포함되어 있거나 아예 자체적으로 팀을 꾸려서 바쁜 업무에도 불구하고 용기를 내어 선교지로 가는 경우가 많다. 그야말로 단기 의료선교의 보편화 물결에 우리가 서 있다고 해도 과언은 아닐 것이다.

사실 내가 처음 단기 선교를 갔던 1990년대 말이나 2000년대 초반까지만 해도 자신의 부르심을 확인하기 위해 가는 소수의 단기 선교였다. 그러다가 해외 여행의 증가와 선교의 붐을 타고 이왕이면 단기 선교를 가자는 쪽으로 인식이 변화되었다. 2000년대 중반에는 의료인과 비의료인이 연합으로 단기 선교를 가서 의료와 문화, 미용과 노력봉사에 이르기까지 다각화된 단기 팀을 선보였다.

이런 변화에 따라 팀의 크기도 커지고 많은 인적·물적 자원을 사용함으로써 선교의 한 축으로 자리잡았다고 평가된다. 이런 이면에는 이십 대의 결단을 단기 의료선교를 통해 조금이나마 실천하고자 했던 헌신된 이들의 기도와 노력의 밑거름이 있었다. 정말로 고무적인 일이고 하나님이 행하신 일임을 고백하지 않을 수 없다.

동시에 단기 의료선교의 한계도 점점 더 명확해지고 있다. 최근에는 의료선교를 불허하는 나라가 생겼다. 게다가 의료인의 책임을 고민하는 팀일수록 '이런 일회성 선교가 과연 바람직한가?'라는 자기 성찰의 질문도 던지게 되었다. 제14차 의료선교대회에서도 이런 고민의 연장선상에서 '효과적인 단기 의료선교'라는 선택 강의를 통해 이런 길을 모색하려는 움직임이 있었다. 이런 상황에서 과연 현재의 패러다임은 무엇이며, 그 한계를 돌아보고 변화를 시도하려는 이번 세미나(제2차 교회연합 의료선교세미나)는 시대적으로 큰 의미가 있다.

2. 성경에 나타난 패러다임 변화의 과정(행 15:1-29)

사도행전 15장은, 복음이 전파됨에 따라 예루살렘을 중심으로 한 유대교 배경의 제자 공동체에서 비유대교 배경을 가진 제자들로 확장되면서 생긴 패러다임의 충돌을 어떻게 해결했는지 보여 준다.

1) 기존의 패러다임 - 유대교 배경을 가진 제자들의 패러다임
초대교회는 모세의 법대로 할례를 받는 것이 구원의 필수 조건이라는 견해를 갖고 있었다. 다시 말해, 유대교의 전통을 따르면서 예수를 따르는 방식이 이들의 공통된 문화였는데 이를 따르지 않는 이방인들에게 기독교의 출발점인 유대 문화를 따르라고 압력을 가했다.

2) 패러다임의 충돌 – 유대교 배경을 가진 제자 vs 이방인 배경을 가진 제자

이방인 선교에 열심이었던 바나바와 바울은 유대인 배경을 가진 제자들과 할례 문제로 다투고 변론했으며, 결국 사도와 장로들로 대변되는 리더들과 이 문제를 논의하기에 이른다. 당시 바울과 바나바는 이방인 선교가 유대교 선교와 얼마나 다른지를 인식하고 있었기에 상황의 변화에 따라 다른 접근을 시도했던 것 같다. 결국 예루살렘 공의회가 열리게 되었다. 이런 일련의 과정은 상황의 변화가 감지되었을 때 리더들이 어떤 접근법을 취해야 하는지를 보여 준다.

3) 패러다임 충돌을 해결하기 위한 단계

❶ 축하와 찬양(3, 4절)

그들은 가장 먼저 하나님이 지금까지 행하신 일을 보고하고 서로를 격려하며 하나님을 찬양했다. 결국 패러다임의 변화는 하나님의 역사를 반추하며 그분이 이끌어 가시는 방향을 다시 파악하고 변화하는 시도이기에 하나님께 초점을 맞추는 것이 기본 자세다.

❷ 각자가 갖고 있는 패러다임의 표현과 분석(5-6절)

4절에 보고된 이방인의 회심과 관련하여 유대주의에 입각한 그리스도인들은 자신들이 생각하는 율법 중심적 패러다임을 지켜야 함을 피력했다. 이에 대한 유효성을 사도와 장로들이 의논했는데 이 과정에서 많

은 변론을 피할 수는 없었다. 이 같은 변론은 잘못된 것이라고 하기보다는 유효한 패러다임을 찾는 과정으로 이해되어야 한다. 이를 통해 패러다임의 비교 분석이 가능해지고 궁극적으로 변화하는 환경에 맞는 패러다임을 도출할 근거를 찾을 수 있게 된다.

❸ 리더들의 의견 제기 및 배경 설명(7-12절)

베드로는 자신의 경험을 토대로 바울과 바나바의 입장을 지지했다. 하나님의 새로운 역사를 경험한 이들의 증언을 토대로 앞으로 나아갈 방향을 찾으며 변론했다. 이미 잘된 것으로 판명되거나 경험한 것이 아니라 하나님이 역사하시는 것이 기초가 되어야 한다. 이를 통해 새로운 패러다임이 하나님께로부터 온 것인지를 확인할 수 있다.

❹ 성경의 원리를 통한 새로운 패러다임의 고찰(12-21절)

야고보는 현재 일어난 상황이 이미 구약성경에 예언되어 있음을 확인했다. 하지만 그럼에도 불구하고 반드시 지켜야 하는 것을 당시 문화와 상황을 고려하여 실행 계획을 제안한다. 기독교 사역에서 비기독인의 패러다임 변화와 다른 부분이 바로 이것이다. 효율과 이익에 기초한 방식이 아니라 실제 하나님의 역사를 바라보며 우리가 행할 것과 새로운 시각을 갖는 것이 패러다임 변화의 핵심 요소다.

❺ 변화된 패러다임의 실행

예루살렘 공의회는 이 문제를 결정한 후(얼마나 걸렸는지 알기는 어렵다) 구체적 실행 계획을 세워서 온 초대교회 공동체에 알리고 따르도록 지시했다. 문서로 만들어 널리 읽게 했으며, 바울과 바나바는 사람들에게 가르쳤다.

이런 과정을 거쳐서 패러다임이 변할 수 있다. 이러한 패러다임의 변화는 사도행전 15장 이후에 나타난 폭발적인 교회 성장과 선교의 기폭제가 되었다. 우리가 잘 쓰임받고 있을 때 고민해야 할 것은, 하나님이 무엇을 바꾸라고 말씀하시는지 공동체가 함께 듣는 것이다.

3. 현재의 단기 의료선교 패러다임

패러다임(사고의 틀)의 변화를 위해서는 현재 우리가 사용하고 있는 틀이 무엇인지 규명하는 작업이 우선되어야 한다. 하지만 그 틀이 무엇인지 스스로 알기는 매우 어렵다. 왜냐하면 패러다임은 자신도 모르게 우리 안에 내재되어 있는 인식의 방법이며 그에 따른 문제 해결의 방식으로 상당수가 무의식적 반응이기 때문이다. 따라서 내가 직·간접적으로 경험하고 제3자로서 관찰한 것, 그리고 단기 의료선교를 많이 참여한 이들의 피드백을 토대로 패러다임을 찾아보고 그중 네 가지를 다루고자 한다.

패러다임 1

"환자는 몇 명 진료했는가? 수술은?" - 치료 중심의 단기 의료선교

단기 의료선교를 마친 후에 보고회나 자료를 보면 가장 눈에 띄는 것이 '우리가 어떤 환자를 얼마나 치료했는가?' 하는 식의 보고다. 특히, 처치나 수술을 한 경우는 더욱 부각되어 회자되는 것이 치료 중심의 단기 의료선교의 모습이라고 생각한다. 이런 모습은 1970-1980년대 농촌 의료 봉사가 진료하고 의약품을 나눠 주는 치료 중심이었고, 우리나라 의학이 질병 치료를 더 우선시하는 풍토와도 무관하지 않을 것이다. 뿐만 아니라 우리가 현지인을 한 번이라도 만나야 한다는 잠재의식도 영향을 주는 것 같다.

패러다임 2

"우리가 무엇을 줄 수 있는가?" - 참여자 중심의 단기 의료선교

현지의 상황과 질병, 보건 상황을 고려해야 하지만 "우리가 어떤 의료인, 어떤 의약품을 동원할 수 있는가? 어느 정도로 시술할 수 있는가?" 등으로 진료 계획을 세우게 된다. 좀더 외딴 곳에 가서 진료하고자 하는 열정으로 진료지를 결정하기도 한다. 어쨌든 우리가 줄 수 없는 무언가를 하는 것은 불가능하기에 참여자가 무엇을 줄 수 있는지에 따라 기획되는 선교는 불가피한 것 같다.

패러다임 3

"마음 맞는 사람들이 가면 된다" - 일회성, 개교회 중심의 단기 의료선교

대개의 의료 팀은 서로 마음이 맞고 교제를 나누던 이들이 자발적으로 모여 진행하는 경우가 많다. 교회에 의료 팀이 있어도 자발성이 적은 사람은 참여하기 어렵다. 그렇기 때문에 필요한 의료 인력을 자신이 출석하는 교회에서 구할 수 없는 경우에는 자신의 병원에 있는 비기독교인이라도 동원하기 십상이다. '일단 한번 가 보면 좋은 경험이 될테니 함께 가자'는 방식으로 사람들을 동원하지만 지속적으로 연결되기에는 쉽지 않은 장벽이 많다. 특히, 개원가 의료인이 일주일의 시간을 비우는 것은 거의 불가능할 수도 있다. 그렇기 때문에 한 번 경험을 쌓으러 갈 수는 있어도 지속적으로 이루어지기 어려운 것이 어쩌면 당연한 결과일 수도 있다.

패러다임 4

"가능한 나라로 간다" - 필요한 곳, 인맥 중심의 단기 의료선교

진료 숫자가 줄거나 현지에 어려움이 있거나 의약품 통관이 어려워지면 선교 지역을 바꾸려는 경향이 생긴다. 다른 팀들이 가서 효과(진료 숫자로 표현되는)가 좋았다면 그쪽으로 선교 지역을 바꾸고 유행을 따르는 방식은 재고되어야 한다. 의료선교 팀장이 바뀌고 참여하는 사람이 바뀌면 '내가 잘 아는 선교사님을 돕자', '이왕이면 다양한 경험을 하는 게

좋지 않는가?' 하는 방식으로 진행되기도 한다. 최근에는 '가족이 함께', '휴가와 선교를 동시에'라는 패러다임도 생기고 있다. 어찌 보면 바쁜 의료인들에게 자연스러운 현상일 수 있다.

물론, 앞에서 언급한 네 가지는 관찰하는 방식에 따라, 해석하는 내용에 따라 패러다임이 아닐 수도 있다. 하지만 적어도 우리 스스로 이런 것을 자연스럽다고 느끼지는 않은지 반문함으로써 현재의 패러다임을 아는 데 도움이 되리라 생각한다.

4. 패러다임 변화(shift)를 위한 질문들 – 'shift' 키 눌러 보기

지금 당연하게 여기고 있는 것들에 대해 딴지를 거는 질문을 던져 보자. 이런 과정을 거쳐 우리의 패러다임을 구체적으로 알게 된다. 각 교회가 하는 활동에 대해 "왜 이렇게 하고 있는가?"라는 질문을 던짐으로써 우리가 가진 패러다임을 알게 되고 그 이면적 이유를 깨닫게 된다. 물론, 변화에 대한 길도 찾을 수 있다. 답은 이미 우리 스스로 갖고 있는데 다만 질문하지 않았을 뿐이다. 각 패러다임에 대한 예시 질문을 다음과 같이 던져 보았다.

- 패러다임 1, "치료만이 의료인가? 다른 방법은 의료가 아닌가? 진료 외의

다른 의료의 길은 무엇인가?"
- 패러다임 2, "의료선교는 누구를 위해 존재하는가? 의료인인가? 환자인가? 현지 의료인인가? 현지 선교사인가?"
- 패러다임 3, "꼭 우리 교회의 성도들과만 함께해야 하는가? 다른 교회와 연합할 수 있는가?"
- 패러다임 4, "단기 의료선교의 목표는 무엇이 되어야 하는가? 세계 복음화 전략은 어떻게 적용되어 있는가?"

이 밖에도 우리 스스로 질문을 만들어서 물어야 한다. 나와 우리 선교팀이 현재의 방식을 당연하고 합리적이라고 정당화하는 이유가 무엇인지 솔직하게 묻고 답하는 자기 점검이 필요하다. 이러한 자기 점검을 통해 우리의 패러다임이 무엇인지 알게 되고 변화할 수 있는 길을 찾게 된다. 여기서 이 모든 질문을 만들고 답하기는 불가능할지 모른다. 그러나 현재 상황이 한계라고 느끼고 변화하기 원한다면 기꺼이 도전하기 바란다.

5. 선교지의 경험을 토대로 본 새로운 패러다임의 가능성

1) 진료하지 않고 강의와 교육을 한다.

내가 선교지에 있을 때 어느 의료인이 방문한 적이 있다. 마침 우리가 사역하던 도시에 CT(컴퓨터 단층촬영, Computed Tomography)가 최초로 도입된 때였다. 그분은 신경외과 분야의 CT 강의를 하고, 의과대학에서 작은 세미나를 열어 신경외과 검사법을 가르치고 회진을 하고 돌아갔다. 책으로만 공부한 지식을 목격하자 현지 의대생들과 의료인들의 눈이 휘둥그레지면서 다음번에도 와서 세미나를 진행하는지 궁금해했다.

<u>2) 수용자 중심의 단기 의료선교를 개발한다.</u>
현지에서 치료가 불가능한 경우에는, 그 지역의 풍토병을 조사하고 연구하거나, 현지 의료인을 어떻게 훈련하여 수용자들에게 지속적인 효과를 끼칠지 연구한다.

일반적인 선교는 모두가 수용자 중심이다. 메시지를 어떻게 수용자 중심으로 상황화해서 전달할 것인가? 예배 형식은 어떻게 현지화할 것인가? 그들의 문화 속에 어떻게 녹아들 것인가? 이처럼 단기 의료선교도 수용자의 요구를 파악하는 것에서부터 출발해야 한다. 비의료인 선교사는 수용자의 요구를 잘 모를 가능성이 많다. 따라서 의료인들을 통해서 현지인과 현지 의료인의 필요를 파악하고 단기 팀을 구성하여 준비하는 것이 좋다. 현지 의료인들을 훈련하거나 세미나를 진행할 때도 현지 상황을 고려해야 한다.

3) 민족과 나라 중심으로 단기 의료선교 팀을 구성한다.

단기 의료선교를 할 때도 '평생 한 민족을 가슴에 품고 복음화하는 일에 헌신하겠다'는 결단을 하고 동역해야 한다. 특정한 민족이나 지역을 대상으로 전략적인 의료 팀을 구성하는 경우는, 아이티 지진이나 코소보 난민 사태 등 대규모의 재난이 발생했을 때 이미 경험한 바가 있다. 의과대학, 병원, 교회가 연합하여 구호활동을 하면서 우리가 함께 팀을 만들어 일할 때 어떤 시너지가 생기는지 배울 수 있는 좋은 예라 할 수 있다. 어느 대학에 '우즈벡 사랑 모임'이라는 팀이 있었다. 지속적으로 우즈베키스탄으로 단기 선교를 가서 장기 선교사와 합력하여 교회를 세우는 데 협력한 팀이었다. 단기 의료선교를 했지만 그 결과는 장기 선교사 못지 않은 영향력으로 나타났다. 또한 미국 시카고에 있는 소아과 병원도 이런 헌신의 중요성을 보여 준다. 이 병원의 의료진들은 2-3개월 단위로 선교지의 병원에 사역하러 간다. 이슬람권의 복음화를 위해 지속적으로 헌신하여 현지 의료진 양성에 기여하는 결실을 맺었다.

4) 미전도 종족에 대한 개념과 WHO(세계보건기구)의 가이드라인을 사용한다. 다만, 이 두 가지는 서로 다른 접근이 필요하다.

미국에서 1년에 두 번씩 오던 단기 의료선교 팀이 있었다. 그 팀은 H족 마을로 가서 진료하고 예방 교육을 실시했다. 당시 H족이 가장 복음에 잘 반응하고 적극적이라는 것을 선교사들이 파악했기 때문이다. 그중 현지 동역자 몇 사람은 신실한 형제와 자매가 되었다.

WHO 가이드라인을 따라서 의료 소외국가에서 선교 사역을 할 때는, 이미 그곳에 교회와 현지 기독 의료인들이 와 있는 경우가 대부분이다. 그럴 때는 현지 기독 의료인을 중심으로 사역하는 것이 효과적이다.

6. 마지막 제안

첫째, 단기 의료선교 헌신자가 필요하다. 일회적인 의료선교가 아니라 종족과 나라를 정하고 평생 선교 노력을 기울이기로 결단해야 한다. 단기 의료선교로 하나님 나라를 섬기기로 결단하는 헌신자가 필요하다.

둘째, 효과적인 단기 의료선교를 위한 교회연합을 제안한다. 교회연합 의료선교세미나가 연례행사로만 끝나지 않았으면 좋겠다. 오히려 이곳에서 헌신자들이 모여 정기적으로 만나 함께 기도하며 하나님의 인도하심을 구하는 네트워크와 핵심 그룹이 결성되길 바란다. '효과적인 단기 의료선교를 위한 교회연합'과 같은 형식으로 뜻을 같이 하는 이들이 모여 단기 팀을 만들고(지역별, 종족별로 주축 교회를 만들고 연합 팀을 구성하는 방안) 실행에 옮기면 어떨까? 해마다 세미나를 계속 진행하면서 이런 연합 팀을 조정하고 전략을 개발해 나간다면 새로운 모델 창출이 가능할 것이다.

셋째, 헌신과 내려놓음이 필요하다. "구슬이 서 말이라도 꿰어야 보배"라는 속담이 있듯이 패러다임이 바뀌어야 한다는 공감대와 문제의식을 갖는 것만으로는 충분하지 않다. 이방인 전도의 새로운 패러다임을 제시하고 구체적으로 계획한 바울과 바나바 외에 유다와 실라를 택해 실행하게 했던 예루살렘 공회처럼 새로운 패러다임 정착을 위해 과거의 패러다임을 내려놓고 헌신하는 이들이 필요하다.

6장

단기 의료선교, 이대로 좋은가?

우석정

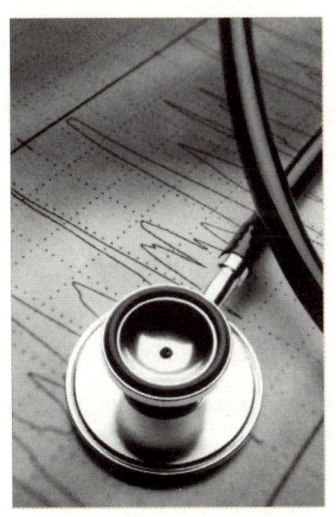

우석정 선교사는 베트남 롱안세계로병원에서 섬기고 있다.

단기 선교의 장점과 문제점

1) 단기 선교의 장점

단기 선교의 가장 큰 장점은 장기 선교사의 자원 확보일 것이다. 헌신자들이 단기 선교를 통해 현지 생활을 체험하면서 중장기로 헌신할 수 있을지 스스로 시험하는 기간이 된다. 실제로 장기 선교사들 가운데는 단기 선교를 경험한 후에 헌신한 사람이 많다.

또 다른 장점이라면, 기도 편지와 선교사들의 선교 보고 등을 통해 간접적으로 전해 듣던 현지 상황을 직접 보고 듣고 체험함으로써 선교지에 대한 이해를 높일 수 있다. 구체적이고 실질적인 도움과 기도제목을 나눌 수 있으며 함께하는 단기 팀원들이 서로를 이해하고 섬기는 시간을 가질 수 있다.

2) 단기 선교의 문제점

흔히 교회에서 말하는 단기 선교는 그 기간이 보통 1-2주 정도다. 일반적으로 통용되는 단기 선교보다는 비전 트립이나 선교 여행에 가깝다. 너무 먼 지역은 오가는 시간이 오래 걸리므로 비교적 가까운 지역으로 집중된다. 시기 면에서도 대부분 방학이나 휴가 기간과 겹쳐 7-8월은 한국과 가까운 선교지는 어느 선교사 할 것 없이 바쁘다. 단기 팀 사역으로 인해 정작 장기 사역에 힘든 부분이 생기는 것은 어쩔 수 없는 현실이다. 이렇게 짧은 기간에 다녀가는 단기 선교는 예산과 인력의 낭비도 무시할 수 없다는 생각이 든다.

단기 선교를 계획할 때부터 많은 시간을 들여 함께 준비하고 기도하면서 팀을 꾸려 사역지를 방문할 것이다. 그러나 현지 선교사와 의논하지 않고 모든 것을 계획하고 선교사를 현지 가이드 정도로 생각하는 팀이 간혹 있다고 한다. 현지 상황은 고려하지 않고 인터넷을 통해 얻은 정보로 일정을 계획하는 팀도 있다. 특히 중고등부 학생들이 오는 경우에는 대충 시간을 보내고 봉사 확인서를 요구하기도 한다.

의료 사역의 중요성과 단기 의료선교의 문제점

1) 의료 사역의 중요성

어느 곳이든 아픈 환자들이 있기 마련이므로 의료는 꼭 필요하고 큰 도움을 줄 수 있는 수단이다. 예수님이 공생애를 시작하면서 하신 일들 가운데 병자를 고치신 일을 빼놓을 수 없다. 사람들이 오병이어의 기적보다는 병자를 고치신 것 때문에 주님을 더 따른 것이 아니었을까? 그 당시는 질병을 죄의 결과라고 여겼다. 예수님이 병자를 고치고 죽은 자를 살리며 죄를 사한다고 말씀하셨기에 많은 무리가 따랐다. 또한 같은 이유로 많은 사람이 예수님을 죽이려 했을 것이다. 이처럼 의료 사역이 중요한 만큼 그에 따른 위험 부담도 여느 사역보다 크다. 그러므로 단기 팀원 가운데 의료인이 한 명만 있어도 의료 사역을 계획하는 것은 참으로 무모한 일이라 할 수 있다.

2) 단기 의료선교의 문제점

❶ 투약

단기 의료선교 팀이 선교지에서 사역할 때 대부분 문진으로 약을 처방하는 1차 진료 형태를 따르며, 한국 제약회사의 도움을 받아 의약품을 가져오는 경우가 많다. 어지간히 크고 전문적인 의료 팀을 꾸리지 않고서는 의약품의 수량은 몰라도 그 종류는 얼마 되지 않는다. 그러다 보니 질환에 따른 약을 처방하는 데 어려움이 있다.

무엇보다 큰 문제는 한국에서 의약품을 가져오는 경우, 특히 당뇨나 고혈압 등 장기 복용이 필요한 약들을 며칠 분량만 주는 것이다. 그러면 이후에 같은 성분의 약을 구하기 어렵거나(가져오는 약 중에 제약회사가 신약을 개발하여 주는 샘플이 많다) 혹시 구하더라도 너무 비싼 경우에는 결국 약을 복용하기 어렵다. 선교지가 대부분 개도국이나 후진국이기에 한국 의약품이 현지 의약품보다 좋은 것은 분명하나 의약품을 지속적으로 복용해야 하는 경우는 현지 의약품을 사용하는 것이 좋다.

또 다른 문제가 있다. 단기 의료선교 팀들이 와서 현지인들에게 구충제를 나눠 주었다. 한 지역에 여러 단기 의료선교 팀이 와서 반복적으로 진료를 하게 되어 구충제 과다 복용으로 현지인이 사망한 일이 있었다. 대부분 의료 사역이 현지 선교사의 사역지를 중심으로 이뤄지다 보니 한 지역에 많은 단기 의료선교 팀이 몰리면 이런 일이 생길 수 있음을 염두에 두어야 한다.

❷ 우월감

대부분 선교지가 우리나라보다 못 사는 나라가 많다 보니 의료시설이 낙후되어 있는 편이다. 물론 환자들도 한국 의료진이 진료하면 현지인 의사들과는 다를 거라는 기대감을 갖고 온다. 그렇다고 해서 현지인 의사를 상대로 우월감을 갖는 것은 잘못이다. 우리 병원에서 이뤄지는 단기 사역 중에도 이런 일들이 간간이 있었다. 우리가 배우는 의학 지식과 술기 방식 등이 100퍼센트 맞다고 할 수 없고, 현지인 의사들이 우리와 다르다고 해서 틀린 것도 아니다. 현지인 의사들도 오랜 기간 그들의 방식으로 환자들을 치료해 온 노하우가 있음을 인정해야 한다. 한국이라는 좀 더 부유한 나라에 산다고 그들의 자존심을 상하게 하거나 무시하는 행동을 해서는 안 된다.

❸ 현지 의료에 대한 인식 부재

단기 의료선교를 준비하는 과정에서부터 현지의 상황에 대해 좀 더 자세히 아는 것이 필요하다. 선교지는 의료기 낙후되어 있으므로 우리의 도움이 꼭 필요한 곳이라는 막연한 생각으로 준비하면 안 된다. 우리 병원이 있는 지역은 작은 면 단위까지 보건소가 있다. 이런 상황을 잘 모르는 단기 의료선교 팀은 이 지역 사람들은 의료를 접하기 어려울 거라 생각하고 온다. 그래서 적은 약만으로도 감지덕지하는 환자가 많을 것이라고 오해한다. 우리 병원을 통해 사역하러 오는 경우는, 대부분 선교사님늘이 비의료인이기에 이러한 상황을 자세히 알기 어렵다. 그러다 보니 현지 상황에 대해 잘 모르고 오는 경우가 많다.

의료가 정말 필요한 지역을 찾는 일도 매우 중요하다. 우리 병원은 유료 진료를 하는데, 가끔 우리 병원 바로 앞에서 의료 사역을 한다고 무료 진료를 하며 병원 인력을 요청하는 경우가 있다. 그러면 외면하기 힘들어서 도와주지만 그렇게 무료 진료를 하는 날에는 병원에 진료받으러 오는 환자가 거의 없을 정도다.

물론 우리 병원도 무료 진료를 나간다. 하지만 10여 년이 지난 지금도 우리 마음대로 지역을 선정하지 않는다. 현지 정부의 조언에 따라 지역을 선정하고 그 필요에 맞춰 사역하고 있다. 현지 상황을 알고 준비한다면 의료가 꼭 필요한 지역으로 가서 혜택을 줄 수 있다.

❹ 수술과 기타 진료

좀 더 크고 전문화된 단기 의료선교 팀을 꾸려 와서 수술과 간단한 시술을 하고 가는 경우가 있다. 이런 경우, 수술 후 간호와 관리가 힘들어 2차 감염이 일어날 위험이 생길 수 있다. 현지 선교사가 비의료인이거나 아니면 의료인이라고 해도 시설이 제대로 갖춰지지 않은 상황에서는 감당하기 어렵다. 욕심 내지 않고 감당할 수 있는 만큼만 사역하고, 오히려 현지 병원의 도움을 받도록 지원하는 편이 더 나을 것이다.

병원을 통한 단기 의료 사역의 장점과 문제점

❶ 병원을 통한 의료 사역의 장점

우리 병원은 유료 진료를 하고 있으며, 병원을 통한 단기 의료 사역을 시행하고 있다. 병원을 통해 사역하게 되면, 의약품을 나눠 주는 1차 진료보다는 더 많은 일들을 안전하게 계획하고 진행할 수 있다. 우리가 주로 하는 단기 의료 사역은 성형외과와 구강외과의 도움을 받아 언청이 수술과 성형외과 수술을 하는 것이다. 이런 사역은 한국의 여러 기관과 사람들의 도움으로 환자들에게 무료로 진행한다. 많은 현지인들이 혜택을 받았다. 이것은 병원이라서 가능한 부분이다. 단기 사역자들도 병원에서 안심하며 수술할 수 있고, 수술 후 회복과 간호에 대한 부담감이나 위험도 적다.

❷ 병원을 통한 단기 의료 사역의 문제점

병원을 통한 단기 의료 사역에도 문제점이 있다. 수술 환자들을 대상으로 사역하다 보니, 수술 자체가 목적이 되어 버려 가급은 낭상 하시 않아도 되는 수술을 하는 경우가 있다. 그리고 짧은 기간에 수술만 하고 곧바로 떠나기 때문에 현지 병원에서 수술 후 간호와 부작용에 대해 관리하고 책임져야 하는 부담감이 있다.

제언

의료 사역을 선호하는 가장 큰 이유는 선교적 접근이 어려운 지역에 비교적 쉽게 다가갈 수 있기 때문이다. 현지 상황을 잘 알아보고 현지 선교사의 요청에 따라 준비하라. 현지의 의료인이나 시설, 의약품들을 지혜롭게 사용하는 방법도 고려하라.

너무 짧은 기간에 많은 인원이 가거나, 적은 인원으로 무리하게 의료 사역을 계획하기보다는 체계적이고 조직적으로 의료 사역을 할 수 있는 팀을 꾸리면 어떨까? 그리고 매번 다른 지역을 선정하여 사역하기보다는(어떤 팀은 한 번 다녀간 곳은 다시 안 간다는 원칙이 있다고 한다.) 한 지역을 꾸준히 섬겨 주민들과 유대관계를 유지하며 현지 선교사의 복음 전파를 돕는 것이 좋다.

많은 의대생, 의전원생, 간호학과 학생들이 짧게는 일주일, 길게는 한 달 정도 실습을 하러 우리 병원에 온다. 그중에는 선교사의 꿈을 갖고 방문하는 학생들도 있다. 현지에서 병원을 운영하는 입장에서는 이렇게 오는 것도 좋다. 그러나 짧은 기간의 사역은 우리가 하는 병원 일을 줄일 수 없고 오히려 단기 팀까지 돌봐야 하는 상황이라 많은 에너지가 소모된다. 하지만 우리 병원이 사역하는 것을 보고 함께 돕는 것도 단기 의료 사역의 좋은 모델이 될 수 있다. 가능하다면 선교사의 꿈을 가진 지원자들이 함께 생활하며 자신을 돌아보고 사역자의 꿈을 키우고 준비하는 것이 선교지 공동체로서 바람직한 모습이 아닐까 생각한다.

+ 현지 사역자와 단기 선교 참여자들에게 받은 피드백

단기 선교를 오는 입장에서

1) 유익한 점

- 사역 현장을 짧게나마 체험하면서 선교지에 대한 이해를 높일 수 있고 불필요한 오해를 없애는 데 도움이 되며 기도 제목을 공유할 수 있다.

- 언어와 문화가 다른 곳에서도 여전히 일하고 계시는 하나님을 체험할 수 있다.

- 헌신자의 경우, 현지 선교사들과의 교제를 통해 선교사로 준비되는 데 도움이 된다.

- 단기 선교를 통해 자신의 비전을 발견하고 찾아가는 시간이 된다.

- 교회 입장에서는 부흥의 전략적인 방법으로 유익하다.

- 선교사들과 교제하면서 지친 삶이 회복되고 새로운 도전을 받을 수 있다.

2) 불편한 점

- 직장인의 경우, 휴가 일정과 재정 마련이 쉽지 않다.

- 충분한 사전 지식이나 정보가 공유되지 않아서 막연하게 준비하는 상황이 힘들다.

- 한국과는 다른 여러 환경(기후, 음식, 화장실 등)에 적응하는 것이 힘들다.

- 현지인들과 원활한 의사소통이 어렵다.

- 혹시라도 현지에서 사역하는 선교사에게 피해가 갈까 봐 신경이 쓰인다.

- 짧은 기간의 사역이라 경과와 결과를 볼 수 없는 아쉬움이 있다.

단기 선교를 현장에서 맞이하는 입장에서

1) 유익한 점

- 혼자 감당하기 힘든 사역에 도움을 받을 수 있다.

- 선교 현장을 직접 경험함으로써 선교지에 대한 이해도를 높이고 기도와 열정을 더할 수 있다.

- 새로운 관심자들을 통해 선교 동원 및 후원 개발에 도움이 된다.

- 현지에서 구하기 힘든 물품을 제공받을 수 있다.

- 서로 교제하면서 자신을 돌아볼 수 있고 그들의 간증으로 감동받을 수 있다.

2) 불편한 점

- 24시간 응급실을 운영하는 병원이라서 평소의 업무도 계속해야 하는 상황인데, 단기 선교를 오는 시기가 집중되어 있고(여름방학, 겨울방학, 명절, 휴가 기간), 너무 많은 인원이 와서 사역자들의 시간과 사역이 분산되어 정신적·육체적으로 피로할 수 있다.

- 현지 상황을 전혀 고려하지 않고 자체 프로그램을 준비해 와서 선교사들을 단순 통역자로 여기거나 필요에 따른 도움만 요구하는 경우가 있다.

- 짧게 방문한 경험과 이해만으로 선교지와 사역자를 판단하는 경우가 있다.

- 일회적이고 이벤트성으로 사역을 하면, 지속적인 사역이 되지 못하고 장기 선교사의 사역에 방해가 된다.

- 짧은 기간에 자신들이 행한 일의 결과를 보기 원하는 경우가 있다.

- 의료 사역 이후의 모든 의료적 책임을 현지 선교사가 감당해야 한다.

7장

단기 의료선교에 대한 제언

이대영

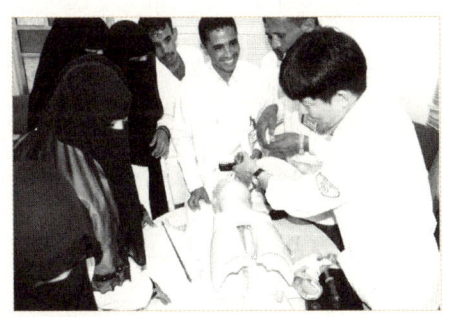

이대영 선교사는 부산대학교 의과대학을 졸업하고 전주예수병원에서 외과 수련을 했다. 외과 전문의를 거쳐 전북대학교에서 의학 석사, 박사를 했다. 2005년부터 2011년까지 예멘에서 국제의료협력단(PMCI) 예멘 지부장으로 섬겼다. 미국 Columbia International University, Global Studies, MA(석사)를 졸업했다. 2002년부터 인터서브 선교사로 섬겨 왔으며, 2013년 11월부터 글로벌 케어 레바논 지부장으로 섬기고 있다.

배경 및 문제 제기

21세기에 들어오면서 기독교 선교는 전 세계에서 많은 도전과 어려움을 겪고 있다. 초대교회부터 이러한 도전과 어려움은 있어 왔다. 현대에는 단순한 '핍박'의 형태가 아닌 다양한 모습을 가진 도전이고, 이 도전에 적절한 복음적 대응이 복잡해지고 어려워졌다. 전통적인 선교 방법으로는 접근할 수 없는 지역이 더욱 많아지고 있다. 이것을 극복하기 위해 다양한 방법을 연구하고 있지만 선교 현장의 상황이 너무 달라서 일반화시키기는 어렵다.

이런 복잡하고 어려운 선교 현장에도 여전히 '의료'와 '교육'은 다른 영역에 비해 비교적 접근 가능성이 높다. 하지만 이 두 영역에도 다양한 형태의 도전이 있고, 여전히 고전적인 형태의 선교 전략을 고수하느라 다양한 도전에 적절하게 대응하지 못하는 것 또한 사실이다. 여기서 고전적이라 함은 선교지에서 1차 진료를 통해 가난하고 소외당하는 환자들을 섬기며 복음을 전하는 형태로 지난 수십 년간 서구 의료선교가 지향해 오던 것인데(이런 형태가 항상 틀린 것은 아니지만), 다양한 선교지의 상황과 도전에 맞춰 적용하기는 어렵다.

단기든, 장기든 의료를 통한 '선교 사역'의 목적은 결국 '의료'라는 수단을 통해 지역 교회와 연합하여 예수 그리스도의 복음을 전하고 제자 삼는 일이다. '의료'라는 수단이라고 언급했지만, 이는 단지 '의료'의 기술적인 부분을 말하는 것이 아니라 '의료'라는 범주에 나타나는 하나님 나라의 가치관 및 윤리 등을 포함하는 광범위한 개념을 말하는 것이다. 그러기에 지금까지 진행된 많은 단기 의료 사역에서 현상적으로 드러나는 '의료선교'라는 개념을 단순한 '진료' 행위로 국한하는 형태를 넘어서 의료선교가 선교 현장에 끼치는 영향력과 결과물을 더욱 깊이, 그리고 광범위하게 평가하고 발전시켜 나가야 한다.

특히 단기 의료 사역이 현지(교회, 선교사, 환자와의 관계)에 끼치는 장기적이고 광범위한 영향을 고려하지 않으면, 영적 영향력에 의문을 가질 수밖에 없다. 이런 노력을 통해 우리 스스로 만족하는 데 그치는 사역이 아니라, 선교지에 진정한 복음의 영향력을 끼치는 건강한 단기 및 장기 의료선교가 지속적으로 고민되고 개발되기를 바란다.

언젠가 중국 단기 선교에 대한 보고를 들었다. 보고자는 중국에서 아이들이 길거리에 체중계를 갖다 놓고 지나가는 사람들의 몸무게를 재어 주면서 동전을 받는 모습을 보고 놀랐다고 말했다. 그래서 그 다음에 중국 단기 선교를 갈 때 체중계를 가져가서 진료 사역을 하는 동안 모든 사람의 체중을 재어 주었다며 뿌듯해 했다. 보고자는 훌륭하게 사역한 것이라 여겨 자부심을 갖고 말했지만, 나는 체중을 재어 주고 동전을 받아서 한 끼라도 먹어야 하는 거리의 아이들을 생각하며 가슴이 아팠다. 내가 사역했던 Y국에도 시장에 가면 그런 아이들이 많았다.

처음으로 단기 의료 사역을 갔던 몽골이 생각난다. 1998년이었는데 기억에 남는 것이 하나 있다. 우리가 의료 사역을 하는 학교 옆에 작은 병원이 있었다. 사역을 하는 동안 병원 내부가 궁금해서 들어가 보려고 했지만 병원 관계자는 난색을 표했다. 나는 병원 바로 옆에 있는 학교에서 진료 사역을 하는 것이 이해가 되지 않았고, 그 병원 관계자가 한국에서 온 단기 의료선교 팀을 어떻게 생각할까 하는 마음이 들었다. 내가 모르는 문제들이 있었겠지만, 차라리 그 병원과 잘 협의하여 병원에 필요한 것들을 돕고 환자들에게 장기적으로 혜택이 가도록 했다면 어땠을까 하는 생각이 들었다.

단기 사역을 계획할 때 현지의 상황에 대한 이해가 부족하면 적절하지 않은 계획과 전략을 세우게 된다. 그리고 단기 팀이 진행하는 사역에 대한 평가도 제대로 할 수 없다. 일회성(연 1-2회 정도의 방문)으로 이루어지는 단기 사역은 그 사역으로 인해 나타나는 현지의 2차적 파급 효과를 평가할 수 없을 때가 많다. 특히 단기 의료 팀이 현지의 일반 사역자(목회자)와 연결되었을 때는 적절한 사후 평가가 이루어지기 어렵다. 이것은 극단적으로 말하면, 현지를 섬기기보다 오히려 단기 팀 스스로 만족하는 데 그치거나 부지불식간에 현지에 바람직하지 않은 결과를 낳게 된다.

짧게는 2-3일, 길게는 10일 이내에 검사 장비와 시설이 제대로 갖춰지지 않은 상황에서 다양한 질병을 진단하고 치료하는 것은 의료인으로서 큰 도전이라 할 수 있다. 또한 필요한 의약품을 한국에서 준비해 간다고 해도 한계가 있다. 그 의약품 대부분은 현지에서 검증되지 않은 것이기에 현지에 그것을 가져가 진료하는 것은 불법적인 행위다.

1998년 몽골에 갔을 때의 일이다. 단기 의료선교 팀은 만성 질환자들의 당뇨나 고혈압을 조절하기 위해 약을 바꿔 주거나 더 추가해서 처방해 주었다. 하지만 의약품 수량에 한계가 있어 2주 분 이상을 주지 못했다. 이런 상황은 무척 당황스럽다. 단기 팀이 처방해 준 약을 다 먹은 후에는 어떻게 할 것인가? 그 약을 현지에서 구할 수 없거나 너무 비싸서 환자들이 구입할 수 없으면 어떻게 할 것인가? 약을 바꿔서 생길 수 있는 부작용은 누가 어떻게 관찰하며 도와줄 것인가? 단기 팀이 처방한 약이 효과가 있어 환자들이 기뻐한다 해도 그로 인해 현지 의사들에게 생긴 불신은 어떻게 할 것인가? 많은 경우, 우리는 자신이 하는 일에 복음 전파라는 정당성을 부여하며 그 부작용은 인식하지 못하거나 혹은 그 부작용을 인식한다 해도 애써 외면했던 것은 아닌지 돌아보아야 한다. 단기 의료 사역으로 인해 현지에서는 이런 부정적인 요인들도 생기게 마련이다.

하지만 팀을 이끈 리더들은 짧게라도 선교지를 경험한 젊은 그리스도인들이 장기 사역자로 지원하게 되었다는 좋은 평가를 내리기도 한다. 나 역시 1998년 몽골에서의 첫 단기 의료 사역으로 인해 장기 사역자로 헌신하게 되었다. 하지만 그 당시나 오늘날이나 많은 단기 의료선교 팀이 행하는 비슷한 형태의 전략과 방법 가운데 장기 사역에 적용할 수 있는 것은 거의 없다. 물론 단기 사역의 경험이 장기 사역의 길을 여는 중요한 요인이 되겠지만, 효과적인 전략과 방법으로 진행한다면 더 큰 도움을 주고 선한 영향을 끼칠 것이다.

단기 의료선교의 역할과 범위

모든 의료 사역자들이 동의하겠지만, 의료는 일반적으로 가난한 사람들에게 먹을 것을 나눠 주거나 집을 지어 주며 1차적인 필요를 채우는 사역과는 완전히 다르다. 단기 의료선교의 역할과 범위를 분명히 이해해야 정확한 목적과 목표를 정할 수 있다. 현지 의료체계와 긴밀히 연결되어 있거나 현지에서 사역하는 의료 사역자를 통해 준비하는 단기 의료선교가 아니라면 현지에 끼치는 유익보다 해로움이 훨씬 많을 수 있다는 가능성을 심각하게 고려해야 한다.

1차 진료 형태의 단기 의료선교는 대부분 한국에서 기증받거나 구입한 의약품을 가져가서 처방하는 경우가 많다. 단기적인 진료 활동을 고려한다면 큰 문제가 없을 수 있겠지만, 의료적인 관점으로 볼 때는 무책임한 활동으로밖에 생각되지 않는다. 정확한 통계를 알 수는 없지만, 아프리카에서 매년 말라리아로 죽는 환자보다 잘못 처방한 말라리아 약으로 죽는 사람이 더 많다는 이야기가 있다. 이것은 의료적으로 어려운 상황 가운데 있는 대부분의 선교지 상황을 드러내는 동시에, 의료 부작용을 실제로 표현한 것이다. Best Practices in Golbal Health Missions의 아놀드 고르스케(Arnold Gorske)는 "단기 선교 의약품 사용의 피해"(Harm from drugs in Short-term mission)라는 글에서 단기 의료선교 때 약물 치료의 문제점 33가지를 제기했다.[1] 많은 부분 우리가 범하는 오류도 포함되어 있다. 그 내용 가운데 우리에게 의미 있는 것을 23가지로 정리해 보았다.

1. 단기 의료선교라는 형태가 현지 환자들에게 심각한 약물 부작용을 일으킬 수 있다는 중요성에 대한 이해가 부족하다.
2. 환자들에 대한 정보와 이해가 부족하다(모든 환자가 신환자다).
3. 처방할 약이 금기인지 아닌지 결정할 수 있는 환자 기록, 약물 사용 기록, 알러지 기록, 진단 기록 등이 부족하다.
4. 많은 환자들을 단시간에 진료하므로 정확한 병력을 알기 어렵다.
5. 환자들에게 완전한 신체 검진을 할 수 있는 시간, 장소, 장비가 부족하다.
6. 믿을 만한 혈액 검사를 할 수가 없다.
7. 심신증(psychosomatic symptoms)이 있는 환자를 오진할 가능성과 그로 인해 부적절한 치료를 할 가능성이 많다.
8. 단기 팀 의료인들 중 개도국의 환자들을 대상으로 WHO에서 인정하

---

[1] http://www.csthmbestpractices.org/resources/Harm+From+Drugs+in+Short-term+Missions.pdf

는 기초 국제기준 및 의료활동 가이드라인을 숙지하고 있는 인력이 없거나 부족하다.

9. 통역이 있어도 언어와 문화적 차이로 인해 의사소통이 어려워서 오진할 가능성이 많다.

10. 사용한 약물 부작용, 약물 오용 사고에 대해 신속하고 적절하게 치료할 수 있는(응급 및 중환자 치료) 시스템이 없어서 사망률이 증가한다고 보고된다.

11. 현지인 환자들이 약물 부작용에 대한 이해가 부족하며, 이에 대한 적절한 설명도 이루어지지 않는다.

12. 선진국에서 법적으로 요구하는 약물에 대한 정보, 환자를 위한 복용 지도, 위험 약물에 대한 경고, 충분한 정보와 함께 제공되는 동의서 등이 부족하여 그 위험성이 증가된다.

13. 약물 부작용에 대해 의사나 약사와 상담할 수 있는 시간이 부족하다.

14. 약물 간의 상호 작용 및 과다 복용에 대한 위험성이 증가하고 있다.

15. 고혈압 같은 만성 질환자와 그를 치료하는 현지 의사와의 관계 및 그 관계의 지속성을 파괴할 수 있다.

16. 현지 어린이들에 대한 단기 팀의 약물 사고가 증가하고 있다.

17. 단기 팀이 가져가는 의약품에 대해 현지 의료진 및 약사들이 정보가 부족하여 차후에 생기는 약물 부작용에 적절하게 대처하기 어렵다.

18. 단기 팀에 지원되는 의약품의 대부분이 제약회사에서 기증한 것들인

데, 그 약들이 국제 기준에 못 미치거나 사용 기한이 얼마 남지 않았을 경우 부작용이 우려된다.

19. 단기 팀이 가져가는 의약품을 현지인들이 과대평가할 수 있다. 그 결과, 단기 팀이 떠난 오랜 뒤에 특히 어린이들의 약물로 인한 이환율과 사망률이 높아질 수 있다.
20. 단기 팀의 약물 투여로 인해 현지 의료인들이 환자가 갖고 있는 질병의 근본적 원인을 늦게 발견하여 그로 인한 합병증이 생길 가능성이 높아질 수 있다.
21. 단기 팀으로 인해 현지 환자들에 대한 현지 의료진들의 자립 및 존엄성이 손상받을 수 있다.
22. 현지인들은 가난하고, 약은 비싸기 때문에 단기 팀이 준 약이 암시장에서 거래되기도 한다.
23. 이런 단기 팀의 활동은 현지 의료인들이나 의료 관련 학생들에게 의약품에 절대적으로 의존하는 잘못된 의학 교육을 하게 한다. 이는 단기 팀으로 참여하는 의료 제공자들에게도 동일한 영향을 끼친다. 찾아온 환자들에게 그다지 도움이 되지 않는다 해도 빈손으로 돌려보낼 수 없다는 잘못된 책임감으로 오히려 의료의 공여자뿐만 아니라 수여자에게도 잘못된 의학 교육을 전달하게 된다.

이 사실들을 충분히 이해하면서도 이런 위험성을 간과하거나 '복음 전파'라는 당위성 아래 단기 의료선교의 모든 의료활동을 합리화하려는 것은 심각하게 고민해야 할 문제다. 단기 의료선교의 역할은 상황에 따라 다양한 모습으로 규정할 수 있기 때문에 쉽지 않다. 하지만 장기 사역과 긴밀한 연관성을 가지고 하는 것이 기본 원칙이다.

현지 상황을 정확하게 알지 못한 채로 단기 의료선교가 주된 역할을 하는 구조가 되면 부작용이 클 수 있다. 이러한 부작용이 일어날 가능성을 인식하고 그것을 최대한 줄이기 위한 계획을 미리 세우지 않는다면 의료인으로서, 더 나아가 그리스도인으로서 하나님 앞에서 무책임하다는 비난을 면하기 어려울 것이다.

단기 의료선교를 계획하고 준비하는 동안 해야 할 질문들

1) 그곳에 왜 단기 의료 사역이 필요한가?

   a. 인접한 곳에 현지 의료시설이나 의료가 없는가? 만약 있다면 어떤 형태의 의료 서비스가 제공되고 있는가?

   b. 현지 사역자가 단기 의료 사역을 요청했다면 그 이유는 무엇인가? 그곳에 왜 단기 의료 사역이 필요하다고 생각하여 요청하는가?

   c. 우리가 하는 의료 사역이 현지 의료에 장단기적으로 어떤 영향을 끼칠 것이라 생각하는가?

   d. 우리가 하는 의료 사역이 현지 의료체계(의료인)와 현지인들 사이에 불신을 조장하고, 그 관계에 나쁜 영향을 주지는 않는가?

e. 혹시 우리가 현지 의료체계를 무시하고, 그들보다 나은 의료기술로 우월감을 드러내는 것은 아닌가? 우리의 사역이 현지인들에게 그리스도의 겸손한 섬김을 드러내는가?

2) 사역지 의료 상황에 대한 정보가 있는가?

   a. 1차 진료 중심
   - 연 1-2회의 1차 진료가 목적이라면 단기 의료선교는 그리 큰 의미가 없다.
   - 단순히 1차 진료에 만족하기보다는 진료 후 연결된 지역의 보건 의료적 문제점을 파악하여 장기적으로 어떻게 도울지 계획과 전략을 세우는 것이 중요하다.

   b. 병원과 연결하기
   - 절대 원칙은 단기 팀이 주된 역할을 하기보다는 현지 병원 의료진의 역량 강화를 주목표로 한다.
   - 현지 의료진을 위한 실제적인 세미나와 워크숍 형태로 진행한다.
   - 많은 환자를 진료하기보다는 적절한 환자들을 선별하여 현지 의료진에게 직접적으로 의료 기술 및 지식을 전달해 줄 방법을 찾는다.

3) 우리가 하는 단기 의료 사역이 장기 사역을 염두에 둔 헌신인가? 아니면 장기 사역을 배제하고 단기 사역으로 만족하는 합리화의 수단인

가? 복음의 열매를 기대하는 장기 사역의 중요한 도구로 단기 사역을 계획하는가, 아니면 단기 사역 자체에 만족하는 계획을 세우는가?

4) 우리가 진행하는 모든 방법과 전략이 현지법이 허용하는 범위 안에 있고, 우리 자신이 인정할 수 있는 윤리적으로 옳고 바른 방법인가? 모든 사역이 진정 주님을 영화롭게 하고 복음의 진실함과 정의로움을 현지 교회와 사람들에게 드러내는가?

원칙

(개인적으로 단기 팀을 받을 때나 현지 난민을 돕기 위해 이동 진료에 적용하는 원칙)

로버트 먼슨(Robert H. Munson)은 "건강한 의료선교"(Healthy Medical Mission)라는 글에서 필리핀을 중심으로 이루어지는 여러 단기 의료선교에 대해 평가했다. 그는 "REAL" 의료선교(Medical Missions)라는 원칙을 소개했는데, 그것은 "Right motives(바른 동기), Effective partnering(효과적인 동역 관계), Active community participation(공동체의 활발한 참여), Long-term strategy and Planning(장기 전략과 계획)"이다.[2] 그의 주장은 우리가 시행하는 단기 의료선교의 많은 영역에 적용할 수 있다. 지금까지 사역을 진행하면서 적용했던 나의 원칙도 그의 주장과

---

2 http://www.slideshare.net/bmunson3/healthy-medical-missions-article

연결되는 부분이 많다. 우리 팀의 원칙은 다음과 같다.

1) 1차 진료 중심의 의료 사역, 즉 현지 의료 시스템과 연결이 없는 일회성, 단독적 단기 의료 사역은 하지 않는다. 단기 의료선교 팀이나 현지 선교사 또는 단체의 근본적인 동기를 서로 공유하고, 실제로 선교라는 근본 원칙에 부합하는지 점검한다.

2) 현지 의료에 직간접적으로 기여할 수 있는 의료 영역의 전문성과 의료 사역의 영적 영향력을 동시에 적용할 수 있는 전략을 세운다. 이 두 영역을 분리하지 않고 단기 및 장기 사역에 통합적으로 적용해야 한다.

   a. 한정된 단기 사역 기간을 고려하여 가장 도움이 필요한 환자들로 진료 대상을 미리 제한한다. 1차 진료보다는 현지 의료체계의 성장을 돕고, 단기 팀이 치료하지 못한 환자들은 현지 의료체계에서 향후 감당할 수 있도록 전략을 세운다.

   b. 단기 진료 기간 동안 하루에 수십 명에서 수백 명씩 진료하는 방식은 긴급 구호 사역을 제외하고는 의미가 없으므로 지양한다.

   c. 찾아온 환자들 개개인에 좀 더 많은 시간을 할애하여 그들의 의료적 필요 이면에 있는 정서적·영적 필요를 발견하고 돕는다. 진료라는 '행위'의 틀에 매이지 말고, '관계'를 통한 영적 영향력을 더욱 고민한다.

3) 눈에 나타나는 현상적 결과에 초점을 맞추기보다는 현지에 어떻게 장기적인 영향을 끼치고, 우리의 사역이 오랫동안 현지에 유지될 수 있을지를 고민한다.

4) 현지의 의료 상황을 잘 알고 있으며 지속적으로 관계를 맺고 있는 사역자와 연결한다. 단지 교회에 사람들을 모으거나 복음을 전할 기회로 단기 의료선교를 이용하는 것은 잘못된 동기라 할 수 있다. 단기 의료선교의 주요 원칙을 서로 공유하며 그 이해를 발전시켜 나가야 한다.

5) 일회성이 아닌 지속성을 추구한다. 일회적인 단기 의료선교는 의미가 없고 오히려 해로울 수 있다는 것은 모두가 이해하는 바다. 의료선교가 가장 필요한 곳을 사전에 조사하여 선정하고, 처음부터 장기 계획을 세워 접근한다. 현지화하여 외부에 의존하지 않고 유지할 수 있는 전략까지 세운다.

6) 특별한 상황이 아니면 무료 진료는 하지 않는다.
   a. 무료 진료를 하면 실제로 진료가 필요하지 않는 사람도 많이 온다. 그래서 시간과 자원이 낭비되는 경우가 있다. 정작 환자들에게 더 많은 시간과 자원을 할애하지 못하게 된다.
   b. 진료에 감사하지 않을 뿐 아니라 처방받는 약이나 치료에 적극적

으로 임하지 않아 치료 효과가 떨어진다.

7) 현지 의료 시스템을 강화시킬 수 있는 방법을 찾는다. 현지 의료 인력과의 관계를 개선하고 증진하여 현지의 필요를 더욱 깊이 인식하여 장기적으로 현지 의료 시스템을 돕는 일에 우선순위를 둔다. 의료시설뿐 아니라 현지 의료인의 역량 강화에 중점을 두어야 현지에서 유지되는 건강한 사역으로 발전할 것이다.

제안 (시나리오) 및 경험

❶ 1차 진료 또는 지역 보건 중심 사역

단기 의료선교로 어느 지역을 방문할 경우, 1차 진료만 할 것이 아니라 하루 정도는 진료를 하지 않고 그 지역의 의료시설을 방문하여 보건과 의료를 담당하는 사람들을 만나는 것이 좋다.

그 지역의 보건 및 의료 문제를 파악하고, 어떻게 해결할 수 있을지 고민하며 장단기 계획을 함께 세운다. 예를 들어, 그 지역의 가장 큰 보건 및 의료 문제가 '높은 모성 사망률'이라면 그 원인을 분석하고, 보건 관련 종사자나 산부인과 및 소아과 의사를 팀에 영입하여 전문가의 의견을 들어야 한다.

시설이나 상비가 부족하다면 그 자원들을 기증받고 구체적 계획을 세운다. 높은 모성 사망률의 원인이 분만 기구 소독이 안 되어서라면,

현지 상황에 맞는 소독 방법을 고안하여 교육한다. 그리고 다음에 방문할 때는 분만 기구를 확실히 소독할 수 있는 장비를 구입하여 제공하고 단기 팀이 떠나도 현지인들이 계속 사용할 수 있도록 교육해야 한다.

일시적이고 한정적인 단기 의료선교가 좀더 장기적이고 실제적인 도움이 되려면, 단기 팀이 모든 일을 직접 하기보다는 현지 의료인들이나 보건 관련 종사자들을 교육하고 훈련하는 데 초점을 맞춰야 한다. 그래야 단기 팀이 떠나도 현지인들이 어느 정도 유지하고 발전할 수 있기 때문이다.

만약 어린이의 이환율이 높고, 가장 흔한 질병이 피부 질환이나 수인성 전염병이라면 그 원인이 되는 보건 문제들을 파악해야 한다. 그리고 보건 전문가와 물 전문가, 피부과 및 전염병 전문의를 찾아서 다음 방문 때 함께 가야 한다. 이렇게 접근할 때 현지의 문제들을 실제적으로 풀어 나갈 수 있으며, 단기 팀의 만족도도 높아질 것이다. 또한 현지와 단기 팀의 관계가 더욱 깊고 돈독해지며 이를 통해 서로 신뢰하는 관계가 형성될 것이다. 이런 관계는 삶의 전 영역에서 현지에 변화를 가져올 것이다. 복음을 통한 전인적 사역의 결과이기 때문이다.

선교의 가장 중요한 기반은 '관계'다. 단기 의료선교 팀이 현지 의료인과 분리되어 독자적으로 활동하면 의료적으로나 선교적으로 그 역할을 인정받기 어렵다. 특히 비의료인 선교사가 의료선교 팀을 요청하여 기획하는 경우, 잘못된 개념을 갖고 운영하기가 쉬움을 명심하라.

❷ 병원 중심 사역 경험(Y국 의료 사역, 2005-2011년)

단기 의료 사역을 할 때는 현지 의료진들의 수련을 위한 장기 계획과 프로그램 내에서 준비하고 그에 필요한 팀을 구성해야 한다. Y국은 복음이 가장 전해지지 않고, 미전도 종족이 가장 많은 나라 가운데 하나다. 전통적인 교회 개척 사역이 거의 불가능한 나라다. 그런데 이곳에서 의료를 통해 복음의 씨앗을 뿌리고, 관계를 통해 복음에 관심을 보이는 사람들을 얻게 되었다. 특히 외과적 수술과 간호교육 프로그램 개발을 통해 현지 정부 병원을 섬겼다. 간호교육 프로그램을 통해 현지 리더를 많이 배출하게 되었다. 이들은 현지의 여러 병원에서 활동하고 있다. 어려운 여건에서도 간호교육 프로그램을 진행하며 다른 병원과 의과대학에도 교육 프로그램을 전수하고 있다.

이런 사역에서 단기 팀의 역할이 아주 중요했고, 큰 도움이 되었다. 매년 한두 명에서 십여 명에 이르는 두세 개의 단기 팀이 사역에 동참해 주었다. 대부분은 현지 의료인(의사 및 간호사)의 역량 강화를 위한 세미나와 워크숍 형태로 진행되었다. 의료 장비 및 기구들을 가져와 기증하면 단기 팀의 모든 프로그램은 현지 의료인들이 그 의료 장비를 사용할 수 있도록 수련하는 데 맞췄다. 그래서 많은 환자를 진료하고 시술하기보다는 적절한 환자들을 미리 예비하여 현지 의료인들이 그 시술을 익히는 기회로 사용했다.

예를 들면, 단기 팀이 위-대장 내시경을 기증하고, 세미나를 열어 그

중요성과 개념을 교육했다. 그리고 오후에는 현지 의사들을 초청하여 직접 시연을 하고, 현지 의료진이 시술할 수 있는 기회를 주었다. 양성 항문 질환에 대한 수술, 화상 치료, 관절경, 복강경, 혈관외과, 갑상선 및 유방 등 다양한 분야의 단기 팀이 방문하여 세미나와 워크숍을 진행했다.

또한 중환자 간호에 대한 교육과 더불어 처음으로 현지에서 심폐 소생술 및 응급 처치 교육을 진행했다. 수차례에 걸쳐 교육 프로그램을 진행하면서 이 프로그램을 현지화시킨 것이 가장 큰 성과라 할 수 있다. 영국의 응급 센터에서 근무하는 두 간호사가 2006년에 처음 방문하면서 교육에 사용할 수 있는 마네킹과 여러 기구들을 기증해 주었다. 이를 계기로 병원에서 심폐 소생술 및 응급 처치 교육을 지속적으로 할 수 있었다. 그들은 이후에도 매년 방문했고, 수년 동안의 노력으로 현지 의료진이 이 프로그램을 유지할 수 있게 되었다.

단기 팀의 전문성을 최대한 활용하도록 기획하면, 현지에 도움을 극대화시키고 단기 팀도 만족도가 높아서 지속적인 참여를 유도하게 된다. 현지와 단기 팀 간의 유기적 협력은 의료적인 도움을 줄 뿐만 아니라 현지의 필요를 구체적으로 만족시켜 깊은 관계를 형성시킨다. 현지 의료진들을 한국에 연수차 데려갔을 때, 현지를 방문했던 단기 팀이 그들을 환대하며 더욱 친밀한 관계로 발전한 것을 경험했다. 이는 아주 고무적인 일이다. 이런 깊은 관계의 형성은 현지에서 장기 사역을 하는 선교사들에게 의료적, 정서적, 영적으로 큰 의미를 준다.

맺는말

단기 의료 사역은 선교지에 의미 있는 영향력과 도움을 줄 가능성이 있지만, 현재까지는 장점보다는 단점과 문제점을 더 많이 야기했음을 신중하게 반성하며 평가해야 한다. 이 시점에서 단기 의료 사역에 대한 문제를 제기하고 이것을 공동체의 문제로 인식하며 이를 극복하려는 논의를 시작하는 것은 아주 중요한 일이다. 단기 의료 사역이 장기 사역과 긴밀하게 협력하고 구체적이며 현실적이고 장기적인 계획을 세워 접근하면 한계를 극복할 수 있으리라 확신한다.

8장

단기 의료선교를 바라보며

이순신

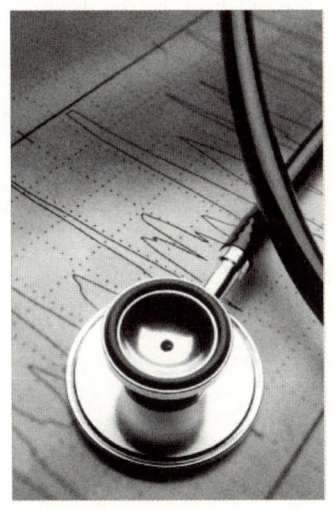

이순신 선교사는 구강외과를 전공한 치과의사다. 2006년부터 2009년까지 U국에서 사역했고, 2010년부터 현재까지 K국에서 사역하고 있다.

최근 이슬람이 이 땅에서 무서울 정도로 급성장하고 있다. 수많은 모스크의 앞마당과 인도는 물론이고 차도까지 점령해 가며 기도하는 무슬림 때문에 교통이 마비되곤 한다. 이런 광경을 보며 이 땅에 살고 있는 소수의 기독교인들은 긴장과 두려움을 감추지 못하고 있다. 시간이 지날수록 온건한 무슬림이 강경한 무슬림으로 바뀌어 가는 추세다.

현지 기독교인이 전해 준 소식에 따르면, 최근 이곳의 모스크에서는 『성경이 잘못된 500가지 이유』라는 책으로 '기독교는 참담한 거짓종교'라고 철저히 교육시킨다고 한다. 기독교는 1990년부터 1997년까지 이곳에서 부흥기를 맞았으나 언제부터인가 계속 내리막길을 걷고 있다. 기독교 선교사 수가 차고 넘친다고 스스로들 말하지만 대부분의 선교사들은 수도에 거주하고 있고, NGO 사역이나 비즈니스 선교에 집중하고 있다. 선교 후원금 모금이 갈수록 힘들어지는 때이므로 비즈니스 선교가 대안이라는 말을 여러 선교사들로부터 듣고 있다.

본론

단기 의료선교가 진정한 선교가 되려면, 선교에 대한 동기와 목적이 분명해야 한다. 의료인의 경우, 대부분 상당한 희생과 헌신 가운데 단기 의료선교에 참가한다. 평생 잊을 수 없는 소중한 경험을 하기도 한다. 정말 감사한 일이다. 그럼에도 불구하고 다시 한번 짚고 넘어가야 할 부분이 있다. 선교는 교회나 단체 혹은 참가자 개인의 필요를 채우기 위해 존재하는 것이 아니라는 사실을 인식하고 긴장해야 한다.

 선교도 하고 해외 경험도 하고, 선교도 하고 휴가도 즐기고, 선교도 하고 교회 홍보도 하고, 선교도 하고 내 이름도 드러내고, 선교도 하고 스펙도 쌓고…. 이처럼 선교와 함께 다른 목적을 갖고 단기 의료선교에 참여한다면, 선교와 이슬람을 너무 쉽게 생각하는 건 아닐까?

 장단기 선교 참가자들은 상대방의 입장에서 자신을 바라볼 수 있어야 한다. 이는 아무리 강조해도 지나치지 않을 것이다. 특히 사전에 현지 주민의 성향을 파악하고 가야 한다. 단기 선교를 가는 우리의 동기와 목적이 아무리 순수해도 현지인들은 다르게 생각할 수 있기 때문이다. 내가 사역하는 지역의 주민들은 아주 오랜 기간 매스컴과 모스크의 거짓 메시지에 세뇌를 당해 왔다. 그들은 강대국들과 강자들에게 계속 속아 왔다고 생각하기에 가족들 외에는 다른 사람을 믿지 않는 경향이 짙다.

 유효기간이 지난 약을 자신들에게 줄 거라는 편견부터 시작하여 의사가 아닌 의대생들이 와서 자신들을 대상으로 실습할 거라는 편견, 진료를 하려고 정부 관계자들에게 뇌물을 줬을 거라는 편견, 자신들을 이용하여 우리가 많은 돈을 챙길 거라는 깨지지 않는 편견에 이르기까지 다 헤아리기 어려울 정도다. 한국 사람들은 돈이 얼마나 많기에 겨우 2-3일 진료하면서 그렇게 큰돈을 쓰냐고 말하는 것을 들을 때면 심정이 복잡해진다.

진료하는 내용도 중요하지만, 십자가와 자기 비움의 자세가 가장 우선이다. 우리의 선한 행실에 감동받은 무슬림이 온갖 핍박과 살해의 위협을 무릅쓰고 자신의 종교를 바꾸었다고 고백한 예는 안타깝게도 지난 10년간 들어 본 적이 없다. 그러나 의료선교 팀이 겸손한 모습으로 정성껏 진료했을 때, 종교가 다르고 편견에 사로잡힌 사람이라 할지라도 울먹이며 감사를 전하기도 했고 자기 집 마당에 핀 꽃을 꺾어 예쁘게 꽃다발을 만들어 선물하기도 했다.

의료선교에 대한 패러다임의 변화가 절실하다. 20년 전에는 한 지역에서 다른 지역으로 전화 한 통 하기도 힘들었다고 한다. 그러나 지금은 현장에서 사역하고 있는 모습을 사진으로 찍어 이역만리 타국에서 일하고 있는 친구에게 실시간으로 전송하기도 한다. 교통이 발달하여 아주 외딴 시골이나 산골이 아니면 도시까지 나오는 것이 그리 어렵지 않다. 이렇듯 선교지의 상황이 눈이 돌아갈 만큼 변하고 있는데, 우리의 단기 의료선교 방식은 그때나 지금이나 달라진 것이 별로 없다.

떡 다섯 개와 물고기 두 마리로 여자와 어린아이 외에도 5천 명을 먹이는 기적이 일어날 수 있지만, 여자와 어린아이 외에도 5천 명이 먹고도 남을 재정을 투자하고도 떡 다섯 개와 물고기 두 마리의 효과도 거두지 못할 수 있음을 겸허히 인정해야 한다. 선교를 경제 논리로만 이해하는 것도 문제이지만, '고비용 저효율' 구조라면 과감한 개선도 고려해 볼 일이다.

의료가 상대방의 마음 문을 여는 하나의 도구요 좋은 접촉점인 것은 틀림없다. 우리를 의료인으로 불러 주신 것이 감사하지만 선교는 우리의 의도로 우리가 하는 것이 아니다. 선교는 삼위 하나님께서 자기 백성을 통해 하시는 일임을 잊지 말아야 한다. 하나님 앞에서 의료인이란 의료에 관한 약간의 지식이 있는, 구원받은 죄인이자 회개해야 하는 의인일 뿐이다. 우리는 겸손한 마음과 자세로 선교에 임해야 한다.

치과의사 입장에서 바라본 단기 의료선교

대부분의 선교지에는 의료적 도움이 많이 필요하다. 치과 치료도 그중 하나다. 단기 의료선교를 통해 충치 치료나 발치 혹은 보철 치료를 하고, 구순구개열 수술을 한다. 현지 치과의사들을 대상으로 세미나를 열기도 하고, 구강검진을 했다는 소리도 들린다.

장기적인 사역으로 불소용액 양치사업이나 치과클리닉을 열기도 한다. 현지 의료인을 한국으로 보내 전문 분야 훈련을 받게 하거나, 고가의 현대식 의료장비를 현지에 기증하기도 한다. 각자 주어진 상황에서 혼신의 힘을 기울여 의료적 도움을 주고 있다.

그런데 선교 현장에서 보니, 복음 없는 의료 행위는 거의 모든 종교 및 외국의 여러 의료단체에서 많이 하고 있다. 특히 이슬람 국가들에서 이슬람 전파를 위한 선교적 차원으로 의료적 도움을 많이 주고, 각 나라에서 현지 NGO를 설립하여 여러 형태로 돕고 있다. 우리가 이들과 어떤 차별성을 가져야 하는지 고민해야 할 때가 되었다.

단기 의료선교에 참여하는 입장에서는 최고의 헌신을 요구하지만, 현장에서는 늘 아쉬움이 남는 선교가 단기 의료선교인 것 같다.

결론

지난 20여 년 동안 단기 의료선교가 여러 지역에서 복음의 문을 여는 데 중요하게 쓰임받은 사실은 아무도 부인할 수 없다. 이제는 좀더 성숙해지기 위해 우리 자신을 날카로운 칼날 위에 세워야 함을 느낀다. 의료선교가 가장 효과적이라는 착각과 남들의 부러워하는 눈빛 그리고 박수갈채에 파묻혀 위기를 인식할 겨를도 없이 자아도취와 자만에 빠졌던 것은 아닌지 우리 스스로를 돌아보아야 할 것이다.

거대한 파도처럼 밀려오는 이슬람의 물결을 번뜩이는 몇 가지 실용주의적 방법으로 막을 수는 없다. 선교사 몇 명을 파송한다고 될 일도 아니며, 몇 차례의 단기 의료선교로도 막을 수도 없다. 살 떨리는 위기 앞에서, 진부해 보이지만 사도행전적 선교를 회복하는 것이 우리의 가장 큰 과제일 것이다. 단기 의료선교가 여기에 미치는 직접적인 영향은 그리 크지 않을 수도 있다.

그러나 단기 의료선교를 경험한 사람들이 하나님의 마음을 깨닫고 복음 들고 산을 넘는 아름다운 발이 되어 주님의 시선이 머무는 곳에서 인생을 다시 시작하겠노라고 결단하며, 거짓된 속임의 굴레에 갇혀 헤매고 있는 현지의 영혼들을 불쌍히 여겨 달라고 곳곳에서 전능하신 하나님께 간청하기 시작할 때, 그 이후로 진행될 일은 어쩌면 우리의 상상을 초월할는지 모른다. 성령의 파도를 타고 이슬람의 거대한 파도를 거슬러 넘어갈 엄청난 사건이 우리를 기다리고 있을지 누가 알겠는가!

서너 차례 단기 의료선교를 경험했다면, 이를 연례행사나 취미로 삼지 말고, 이제 더 이상 지체하지 말고 남은 삶을 주님께 드리겠노라고 하나님 앞에서 결단하기를 진심으로 바라는 바이다.

2부
단기 의료선교 참여자 소감문

| I국 단기 의료선교 소감문 (학생)

헌신할 소명자가 필요합니다

권혁재 (강원대학교 의학전문대학원 4학년)

작년에 베트남과 몽골로 단기 선교를 다녀왔고, 올해는 한국누가회 단기 선교에 참여하게 되었다. 원래는 방글라데시 단기 선교에 참여하려 했으나 현지 사정이 여의치 않아 방글라데시 대신 싱가포르와 말레이시아로 변경되었다. 싱가포르와 말레이시아의 여러 선교 단체를 방문하고 현지 문화를 체험하는 프로그램도 나름 의미가 있겠지만 나는 선교 현장을 직접 체험하고 싶은 마음에 I국 팀에 늦게 합류하게 되었다.

 I국 팀은 한국누가회에서 선교 병원을 건립하기 위해 1995년에 독립하여 나온 '힐피플'이라는 단체와 함께 팀을 이루고 있었다. 나는 I국 팀에 합류하기 전까지 그런 사정을 전혀 알지 못했다. 개인적으로 항공권을 구입한 후에야 힐피플과 연합해서 간다는 이야기를 듣게 되었다. 선교 준비 모임에 처음으로 참석했을 때 한국누가회 모임과는 사뭇 다

른 분위기에 솔직히 걱정이 되었다. 출발이 한 달도 남지 않았는데 항공권 외에는 준비된 것이 별로 없어서 더 걱정이 되었다. 게다가 힐피플에서 기독교인이 아닌 사람들도 참여한다는 이야기를 듣고 걱정이 더해 갔다.

미지의 땅 S섬

어찌 어찌 준비가 되어 우리 선교 팀은 인천공항을 떠나 B지역을 경유하여 S섬으로 갔다. B지역에서 S섬으로 들어가는 비행기가 너무 작아서 수화물의 중량이 15킬로그램으로 제한되었다. 우리는 의약품을 수화물로 배정하고, 개인 짐은 기내에 반입 가능한 7킬로그램으로 제한했다. 이미 선교 팀을 모집하는 과정에서 김창환 선생님이 '호텔 숙박 같은 거 없다', '씻지도 못하고 현지 마을에서 자야 한다', '산길을 몇 시간씩 걸어야 한다', '신체와 정신이 건강한 사람들만 신청해라' 등 온갖 겁은 다 주었기 때문에 어느 정도 각오는 했다. 하지만 시작부터 쉽지 않은 여행이 될 것 같은 예감이 들었다.

우리 팀을 실은 비행기는 B 지역에서 1시간 40분 정도 날아서 S섬에 도착했다. 이곳에 도착하기 전까지 I국은 TV 여행 프로그램을 통해서 몇 군데만 알았지, S섬에 대한 정보는 거의 없었다. 출발하기 전에 인터넷을 검색했지만 '고인돌이 많은 섬', '10여 년 전까지만 해도 부족 간의 전쟁이 끊이지 않았던 곳' 정도의 정보만 얻을 수 있었다.

S섬의 첫인상은 매우 덥고 시설이 낙후되어 있다는 것이다. 일주일 동안 지내면서 그나마 공항 주변이 이곳에서 가장 발전한 곳임을 알게 되었다. 이곳에 도착하자마자 곧바로 J교회로 이동해 짐을 정리하고 환자를 진료하기 시작했다. 첫날 여독을 풀기 전부터 역할 분담도 확실히 하지 않은 채로 진료 팀을 꾸린 것이다. 처음에는 많이 어수선하고 정리가 되지 않았지만 이후 진료 팀, 접수 팀, 약국, 어린이 팀, 문화 사역 팀 등으로 역할을 분담하여 효율적으로 사역할 수 있었다.

현지 사역

일주일 동안 7개 마을에서 1,700명이 넘는 환자들을 진료했다. 힐피플 분당차병원 소아청소년과 채규영 선생님과 인하대병원 재활의학과 김창환 선생님을 중심으로 내과 박광수 선생님, 이은영 선생님, 외과 최지우 선생님, 치과 백현숙 선생님, 피부과 홍광호 선생님이 진료하셨다. 우리가 가져간 장비와 인력으로는 해결할 수 없는 안타까운 환자들도 많았다. 이들을 위해 우리가 해줄 수 있는 것은 기도밖에 없었다.

이곳에서 사역하시는 H 선교사님과 현지인 A 목사님이 이 환자들을 I국 수도나 한국으로 옮겨 치료받을 수 있는지 알아보고 계시다는 이야기를 들었다. 이 환자들이 치료를 받아서 다음 번에 우리가 이곳에 올 때 환하게 웃으며 맞아 주면 좋겠다.

의료 사역과 더불어 어린이 사역과 문화 사역을 진행했다. 현지인 목사님들의 노력으로 S섬 산속 깊숙이까지 교회들이 세워져 있었다. 맑고 순수한 이곳의 많은 아이들이 찬양하며 율동하는 모습을 보았다. 아이들과 함께 찬양하며 율동을 하고, 줄넘기와 줄다리기를 하며, 비누방울 만들기와 페이스페인팅을 하며 친해질 수 있었다. 또한 미용 기술이 있는 자매들이 현지인들의 이발을 도와주었으며, 손재주가 있는 한 자매는 동대문에서 팔찌 재료를 한 보따리 사와서 현지인들에게 예쁜 팔찌를 만들어 주기도 했다.

마음속에 이곳을 담으며…

적도 지역에서는 대부분 열대과일이 나고 1년에 쌀농사를 몇 번이나 지을 수 있어 풍족하게 살아간다. 하지만 이곳은 화산 지역으로 토양이 척박하여 옥수수를 제외한 작물이 거의 자라지 않는다. 해안 지역에서 적은 양의 바나나가 나는 정도다. 아직도 주민등록을 하지 않은 사람이 있을 정도로 문명화되지 않은 지역이다. 하지만 I국의 다른 지역과 달리 기독교가 많이 전파되어 있다. 상주하는 외국인 선교사는 없지만 몇몇 현지인 목사들이 척박한 이곳의 산속 마을을 다니며 복음을 전하고 교회를 세우고 있다.

일주일 동안 사역하면서 우리가 할 수 있는 것은 많지 않았다. 오히려 우리가 그들에게 짐이 되고 마음의 상처를 주지는 않았는지 걱정이 된다. 어떻게 생각하면 우리의 만족을 위해 S섬에 갔는지도 모르겠다. 하지만 척박하고 사람이 살기 힘든 이곳에서 우리는 분명히 하나님을 보았다. 맑은 영혼을 가진 사람들에게 큰 사랑을 받고 돌아왔다. 다른 사역지에 비해 조금은 힘들고 불편했을지 모르지만 이곳에서 하나님의 계획하심을 보았고, 그 계획하심에 기쁘게 순종할 마음의 준비를 하게 되었다.

이곳을 위한 약속

부족하고 짧은 글로, 꿈만 같았던 일주일을 다 표현할 수는 없을 것이다. 분주한 마음에 많은 준비도 하지 못하고 떠났던 S섬. 하지만 이곳에서 우리는 자라나는 믿음의 씨앗들을 보았다. 우리가 해야 할 일은 그 믿음을 지켜 주는 것이리라. 이곳은 정말 많은 기도와 관심이 필요하다. 병원이 없어서 치료를 받지 못해 죽어가는 불쌍한 사람들이 있는 곳이다. 이곳을 위해 헌신할 소명자가 필요하다. 부디 잊지 말고 기억해 주기 바란다. 그리고 소명자를 위해 기도해 주기 바란다. 이곳을 위해 헌신할 소명자를 하나님이 간절히 부르고 계신다.

K국 단기 의료선교 소감문(학생)

참된 제자의 삶이란

김대현(연세대학교 치과대학 2004년 졸업)

세 번째로 K국을 방문하게 되었다. 그동안 갔던 단기 선교와 달리 이번에는 진료를 하지 않고 선교 훈련과 비전 트립 형태로 가게 되었다. 사실 가기 전에는 정말이지 어떤 단기 선교가 될지, 어떤 의미가 있을지 도통 감이 오지 않았다. '괜히 가서 선교사님만 귀찮게 해드리는 건 아닌지, 그곳에 조금이라도 도움을 주고 올 수 있을지' 하는 걱정도 있었다. 하지만 막상 다녀오고 나니 너무 좋다. 그동안에 갔던 단기 선교와는 다른 기쁨이 있었다.

먼저 성경 암송. 도착한 이후로 첫 식사 때부터 시작하여 거의 모든 식사 전에 성경구절을 암송했다. 사실 식사 전 성경구절 암송은 학생시절 수련회에서 늘 하던 것이기도 하고, 원래 벼락치기 단순 암기는 잘 하는 편이라 할 때마다 좀 시시했는데, 이번에는 누적 암기였다. 스물한

구절 누적 암기라니! '설마 진짜 이렇게 외우게 할까?' 생각했는데, 주일 예배 시간에 보니 성도들이 누적 암기를 하고 있었다. 실로 대단한 광경이었다.

왜 이렇게 성경 암송을 할까 궁금했는데 선교사님의 설명에 곧바로 이해가 되었다. 무슬림에게 이사야 선지자가 사람에게서 난 아기가 바로 하나님이라고 말하는 구절에 대해 말하면 깜짝 놀라며 그런 구절이 있냐고 묻는다고 한다. "이는 한 아기가 우리에게 났고 한 아들을 우리에게 주신 바 되었는데 그의 어깨에는 정사를 메었고 그의 이름은 기묘자라, 모사라, 전능하신 하나님이라, 영존하시는 아버지라, 평강의 왕이라 할 것임이라"(사 9:6). 이 말씀이 바로 이곳 그리스도인의 무기이고 그들을 무슬림으로부터 지켜 주는 힘이기에 이렇게 열심히 외우게 한다는 것을 깨닫게 되었다. 비단 이들뿐만이 아니라 온갖 유혹과 시험 속에 살아가는 우리에게도 성경 말씀이 모든 것을 이기는 원동력이다. 그러자 성경 암송이 부담이 아니라 기쁨으로 다가왔다.

○○○○○교회에서 예배를 드렸다. 예배 후 N이 선창을 하면 모든 교인이 함께 아멘(오민)을 외치는 "○○○○○에서의 외침"은 작년과 마찬가지로 올해에도 여전히 감동이었다.

"○○○○○에서의 외침"
죽으시고 부활하신 예수님이 참 하나님이십니다.

죽으시고 부활하신 예수님이 진짜 나의 주인이십니다.

1. 나는 예수의 의로운 피로 하나님의 자녀가 되었습니다.

2. 나는 돈의 노예가 아니라 하나님의 종입니다.

3. 나의 돈, 나의 시간, 나의 생명, 나의 자녀가 나의 것이 아니고 하나님의 것입니다.

4. 하나님이 "나의 것을 나에게 달라"고 말씀하시면 지금 즉시 드리겠습니다.

5. 나는 예수님의 제자입니다. 예수님이 "가라!" 하시면 가고, "멈춰라!" 하시면 멈추겠습니다.

6. 음부의 권세가 ○○○○○교회를 결코 이길 수 없습니다.

7. ○○○○○교회를 통해 예수님의 생명수가 항상 흘러넘칠 것입니다.

8. 우리 ○○○○○교회는 전 세계에 선교사를 보내겠습니다.

9. 우리는 전 세계에 예수님의 몸인 진짜 교회를 세우겠습니다.

10. 주일은 다른 곳에 가지 않고, 반드시 ○○○○○교회에 와서 하나님을 찬양하겠습니다.

11. 나는 예수님의 이름으로 하나님의 영광을 위해 이웃에게 하루에 한 가지씩 선행을 하겠습니다.

정말 나도 이렇게 살아야겠다고 다짐하는 소중한 시간이었다.

선교사님이 예배 중에 R국 교인들을 소개하고 나서 K국 교인들을 소개하는 시간이 있었는데, K국의 한 자매는 원래 다섯 남매가 같이 출석하는데 오늘은 혼자 왔다고 이야기했다. 이유인즉, 오늘 외국인들이 오기 때문에 옷을 잘 입어야 하는데 입을 옷이 없어서 다른 남매들은 못 오고 혼자 왔다고 한다. 마음이 아팠다. 선교사님도 마음이 아프시겠지만 물질로 돕는 일에 늘 신중하셨다. 왜 그런지 충분히 이해가 되었다.

최근에 어느 현지인 자매가 친척들에게 심한 모욕을 당하고 가족들에게 추방되면서 "너 얼마 받았냐? 얼마를 받고 우리 종교를 팔아먹었냐?"라는 말을 들었다고 한다. 실제로 선교사들을 돈줄로 여기고 접근하는 사람이 있기에 신중할 수밖에 없겠다는 생각이 들었다. 그리고 가장 중요한 것은 바로 이 외침 때문일 것이다. "나는 돈의 노예가 아니라 하나님의 종입니다." 이들은 형식적으로 신앙을 고백하고 외치는 것이 아니라, 고백한 대로 살기 위해 절박하게 애쓰고 있었다.

○○○○○교회에서 예배를 마치자 대찬이가 한마디 했다. "오늘 예배 진짜 빨리 끝났다"고. 나는 조금 당황해서 물었다. "이게 빨리 끝난 거야?" 평소에는 설교하기 전에 한 시간씩 찬양한다고 한다. '아, 정말 이분들은 열정으로 예배를 드리시는구나.' 예배가 너무 좋아 인근 국가에서 4시간가량 차를 타고 와서 예배를 드리는 분도 있다고 한다. 평소 예배에 대한 사모함이나 간절함 없이 형식적으로 예배를 드리는 내 모습이 많이 부끄러워졌다.

예배를 마치고 대학생 예원이의 여름영어캠프 동영상을 봤는데 정말 감동적이었다. 활기차고 즐겁게 영어캠프를 진행하는 모습이 예뻤다. 예원이는 이번 영어캠프를 위해 지난번 한국에 갔을 때 300달러를 모금했다고 한다. 예원이는 선교사의 자녀가 아니라 또 한 명의 선교사 같았다. 실제로 우리가 한국에 돌아온 후 예원이는 기도편지를 쓰기 시작했고, 우리는 예원이의 첫 번째 기도편지를 받았다. 앞으로 예원이의 삶이 어떻게 펼쳐질지 기대된다.

사실 선교지로 나간다고 생각할 때 가장 걱정되는 부분이 자녀 교육이다. '한국에서 키우는 것처럼 자녀를 잘 키울 수 있을까?' 당연히 하나님이 책임져 주실 거라고 생각하지만 예측하기 어려운 공간과 상황에서 자녀를 키우는 일은 여전히 막연하고 두려울 것이다. 그런데 여름 영어캠프 동영상 속의 예원이를 보니 정말 훌륭하게 잘 컸다. 내 믿음이 적음을 다시 한 번 느끼는 순간이었다.

이번 단기 선교가 특별한 것 중 하나는 현지 교인들과 친해졌다는 것이다. 그들의 가정에 초대받아 함께 식탁 교제를 하고, 찬양을 하며, 구원 간증을 하면서 즐거운 시간을 보냈다. 이전에 참여했던 단기 선교에서는 경험하지 못한 것들이었다. 그리고 아름다운 S호수에서 기쁨으로 진행했던 침례식, 눈물을 흘리며 간증하던 현지 전도사님, 잔디밭에 둘러앉아 먹던 양고기(우리를 대접하기 위해 8시간이나 버스를 타고 양을 데려온 그들이 너무 고맙다), 유목민들의 전통 가옥에서 함께했던 성찬식, 밤하늘을 가득 채운 별들과 수시로 떨어지는 별똥별, 상쾌한 아침 공기를 마시며 모두가 하나 되어 진행했던 성경암송대회는 평생 잊지 못할 것이다.

앞으로도 계속 그들이 보고 싶고, 그들의 소식이 궁금할 것 같다. 또 다시 방문해야겠다는 마음도 있다. C는 얼마나 많은 예술작품을 만들었고 여전히 장난끼 넘치는 모습일지, K는 술을 안 먹고 신앙생활을 잘 하고 있을지, 현지 전도사님의 막내는 얼마나 귀엽게 크고 있을지…. 이들을 위해 기도한다. 이들을 다시 만나게 될 때 부끄럽지 않도록 나도 지금 있는 곳에서 하루하루 치열하게 참된 제자의 모습으로 살아야겠다.

"죽으시고 부활하신 예수님이 참 하나님이십니다."

"죽으시고 부활하신 예수님이 진짜 나의 주인이십니다."

K국 단기 의료선교 소감문(학생)

하나님 눈물의 땅

최정임(부산대학교 치과대학 2013년 졸업)

귀국한 날 밤. 일주일 동안 겪지 않았던 갑작스런 열대야 때문인지, 선교 여행의 여운 때문인지 쉽게 잠을 이룰 수 없었다. 바람 한 점 없는 열대야가 되니, 옷을 네 겹이나 껴입고 침낭을 둘둘 말아도 추웠던 S지역에서의 밤이 그리웠다. 일주일 휴가를 내려고 출국하기 전 2주간 내리 달려서인지 현지에서 보낸 처음 며칠은 무척 힘들었다. 그러나 귀국할 때쯤 되니 언제 왔냐는 듯 일주일이 금방 지나갔다. 마치 한여름 밤의 꿈처럼 말이다.

몇 번 가지 않은 선교 여행 가운데 이번만큼 현지 교인들과의 교제가 뜨거웠던 적이 있었나 싶다. 바쁘게 돌아가는 진료 사역에서는 아이들 몇 명만 겨우 안아 주고 머리를 쓰담아 주는 것이 전부였고, 교인들과 그저 눈인사 한 번 하는 것이 전부였다. 그런데 이번에는 교인들의 집에 초대받아 함께 식사하며 보낸 시간들로 인해 그들과 좀 더 가깝게 지낼 수 있었다.

하루는 선교사님과 같이 사역하는 현지 전도사님 댁에 초대를 받았다. 무슬림들이 사는 동네이니 조심해야 한다는 말을 들어서인지 그 댁 응접실에 차려진 상을 보자 왠지 모르게 울컥해졌다. 평범한 식단일지 모르겠지만, 우리가 마치 최고의 VIP처럼 극진하게 대접을 받는 식탁 같았다. 천상의 식탁이 이런 것일까? 그저 이 땅의 사람들을 만나고 싶었고, 그들을 위로하고 싶었는데, 오히려 그 식탁이 나를 위로하고 있었다. 사랑받고 있음을 마음속 깊이 느낄 수 있었다. 말이 잘 통하지 않아도 내내 웃고 떠들었던 그들과의 식사는 참으로 행복했다. 열댓 명의 열기에 연신 부채질을 해야 했지만 그마저도 행복한 시간이었다.

식사를 마칠 때쯤, 전도사님 부부는 우리에게 찬양을 청했다. 우리는 찬송가를 불렀는데 우리가 내는 목소리라고는 믿겨지지 않았다. "그 크신 하나님의 은혜…." 참으로 많이 불렀던 곡인데 이유를 알 수 없는 눈물이 흐르기 시작했다. 나뿐만이 아니라 어느새 모두가 훌쩍이고 있었다. 전기 하나 들어오지 않는 어두운 응접실에 조그마한 창문을 통해 들어온 저녁 노을이 구석구석을 비추고 있었다. 그곳에 주님이 함께 계셨고, 우리의 찬양을 받으셨다. 기독교인이라는 이유만으로 친척들에게 내쳐지고, 온갖 비난과 모욕을 받고, 생명의 위협까지 느끼는 그들을 하나님이 위로하시는 것 같았다.

해발 3,500미터의 산정호수가 있는 S지역. 일곱 시간 동안 달린 비포장도로의 덜컹거림, 에어컨도 창문도 없는 버스의 천장에 난 작은 창으로 들어오는 희뿌연 먼지들, 열여덟 명의 열기로 가득 찬 한여름의 버스 안. 아무리 현지인들이 가장 보고 싶은 절경이 있다고 해도 그곳으로 가는 긴 여정은 한 번이면 족할 것 같다. 하지만 그곳에서 보낸 시간은 참으로 따뜻했다. 넓게 펼쳐진 초원 위의 전통 가옥, 한가로이 풀을 뜯고 있는 말과 양들, 은하수가 가로질러 수놓은 밤하늘의 별들은 지평선까지 가득 차서 마치 우주 한가운데 서 있는 것 같았다. 게다가 현지 교인들과 함께한 여행이라서 더 행복했다.

몇몇 현지 교인들이 침례를 받았는데, 백두산 천지보다 높은 호수에서의 침례식은 예수님이 세례를 받으시는 모습을 떠올리게 했다. 푸른 호수와 병풍처럼 드리운 산들, 구름 한 점 없는 새파란 하늘 아래에서 한 명 한 명 침례를 받는 동안 하늘에서 그들을 비추는 것 같았다. 한 영혼이 귀한 이 땅. 우리는 물론이고 하나님이 그들의 침례식을 아주 기쁘게 바라보시는 것 같았다.

또한 현지인 가옥에서의 성찬식은 마치 초대교회의 성찬식 같았다. 서로의 어깨를 맞대고 앉아 조용히 흔들리는 흐릿한 노란 불빛 하나만 의지한 채 행한 성만찬. 서로의 얼굴도 잘 보이지 않는 어둡고 좁은 곳에서 행한 성찬식은 엄숙하고 침착했다. 빵 한 조각을 떼어 같이 나눴고, 한 잔의 포도주를 함께 나눠 마셨다. 이제 그들이 아닌 우리가 되는 시간이었다.

K국의 수도 B지역으로 돌아가는 길이었다. 산사태가 나서 차들이 멈춰 서 있었다. 알고 보니 전날 우리가 S지역으로 갈 때 그곳을 지난 지 얼마 되지 않아 산사태가 났고, 8시간 동안 통제되었다고 한다. 30분 정도 기다렸을까? 우리는 산사태의 끝자락만 살짝 느끼고 다시 쌩쌩 달리기 시작했다. 그리고 우리가 S지역에서 출발하고 2-3시간 후에 비가 엄청 왔다고 한다. 비포장도로를 달리는데 비까지 왔다면 우리의 고단함은 몇 배가 되었을 것이다. 다행히 우리는 이러한 불행을 피해 갔다. 우리 팀의 주제가 '동행'인 것처럼 주님이 '확실히 동행'해 주셨다.

밤마다 선교사님들과 진솔하게 대화하면서 그분들을 좀더 이해하게 되었다. 선교지에서 살아가는 어려움을 조금이나마 상상하게 되었다. 우리의 많은 질문들에 대해 '기도하면 됩니다' '주님과 함께하면 어려움은 없어요'라는 대답을 해주셨다. 왠지 모르게 그 뻔한 대답에 안도했고, 조금은 용기 있게 한 발짝 내딛을 수 있을 것 같았다.

몇 개월 아니, 몇 주가 지나면 언제 이런 시간이 있었나 싶을 정도로 내 삶에 젖어 지난 일주일을 잊어버릴지도 모른다. 마치 무의식적으로 숨쉬고 있는 공기의 존재를 잊고 살듯, 어느 순간 하나님의 사랑에 무뎌져 버린 것처럼 말이다. 하지만 이번 단기 선교에서 하나님을 향한 그들의 소박하고 순수한 사랑이 나를 다시 일깨워 주었고 기도해야 할 것을 알게 해주었다. 내가 복음과 하나님에 대해서 얼마나 절실하지 않았는지, 하나님이 주신 구원이라는 선물을 얼마나 값없이 여기고 있었는지 깨닫게 해주었다. 세상의 법 안에 발을 디딘 채 주님을 버튼만 누르면 원하는 것이 나오는 자판기로 만들어 버린 것은 아닐는지. 그 옛날 이스라엘 백성이 하나님의 형상을 금송아지로 만들어 버린 것처럼 내가 원하는 하나님의 형상을 만들어 그렇게 취급해 버린 것은 아닐는지. 온갖 비난과 외면 가운데서도 당당하게 하나님을 사랑한다고 고백하는 그들을 보면서 내가 언제 주님께 사랑 고백을 했는지 모를 정도로 지냈던 시간들이 떠올라 죄송했다. 그들은 절실하게 복음을 붙들고 있었고, 절절하게 주님을 사랑하고 있었다.

하나님은 나를 사랑하신다. 그리고 그 땅을, 그 땅의 영혼들을 사랑하신다. 작지만 소박한 예배가 있는 곳. 핍박 가운데서도 순수하게 하나님을 사랑하는 사람들이 있는 곳. 성경구절 20여 개를 막힘 없이 술술 외우는 아이들이 해맑게 자라는 곳. 그곳에는 그 땅을 향한 주님의 눈물이 있다. 그 눈물이 내 눈에도 가득 차 나도 주님과 같은 마음을 갖길 기도한다.

캄보디아 단기 의료선교 소감문(학생)

마음속 기도제목에 첫발을 내딛다

최재희(신한대학교 간호학과 3학년)

하나님이 쓰시기에 좋은 사람 최재희!

오래전부터 마음속에 고이 간직해 온 기도제목이 있다. 간호사가 되고 싶어 간호학과를 준비할 때부터 했던 기도, 즉 '하나님이 쓰시기에 좋은 사람이 되게 해주세요'라는 기도다. 이런 기도는 늘 자신만 생각하는 이기심, 게으름, 질투에서 벗어나 배려, 열정, 사랑을 갖게 했다. 그리고 하나님이 쓰시도록 준비되어야겠다는 생각을 갖게 했다. 하나님이 내게 주신 달란트를 통해 어렵고 힘들고 상처받은 사람들을 도와야겠다는 마음도 들었다. 그러던 중 해외 의료선교를 간다는 소식을 듣고서, 주저 없이 캄보디아로 가기로 했다.

두려움과 겸손에 대해 기도하다!

2015년 7월 31일 7시경 캄보디아로 떠나는 비행기에 올랐다. 비행기가 이륙하여 멋지게 하늘을 날 때쯤 마음속에 작은 들뜸과 두려움이 생기기 시작했다. '사람들이 난폭하면 어쩌지?' '혹 물건을 도둑맞지 않을까?' '채혈하기 어려운 사람이 오면 어떻게 해야 할까?' 이런 두려움은 한국과 멀어질수록 커지고 급박해졌다. 그러다가 기도회 때 들었던 말씀이 떠올라서 기도하기 시작했다. "하나님, 제가 가지고 있는 고민, 두려움을 모두 주님께 올려드립니다. 하나님만 바라보며 하나님만 찬양할 수 있는 용기와 힘을 부어 주세요. 그리고 그들보다 조금 더 가지고 있다고 자만하지 않도록 도와주세요." 이 같은 고백과 기도는 불안한 마음을 평강으로 인도해 주었다.

의료선교 1 : 마을 사람들의 웃음에서 느낀 감사!

"줌무립쑤어!" 우리가 사역할 사까다교회에 도착하기 전부터 마음속으로 그리고 입술로 수백 번은 외쳤던 캄보디아의 인사말. 그런데 막상 마을 사람들의 얼굴을 봤을 때는 목에 걸려 입 밖으로 나오지 않았다. 웃으면서 즐겁게 사역하리라 다짐했건만 딱딱하게 굳어 긴장한 표정을 감출 수 없었다. 그렇게 시작된 첫 의료선교는 긴장과 함께 기계처럼 이루어졌다. 축축한 날씨와 무더위가 긴장과 함께 어우러지면서 예민함을 만들었고 쉴 새 없이 몰려드는 사람들이 야속했다.

그렇게 30여 명의 사람들을 감정 없이 검사를 하던 중 어설픈 발음으로 인사하는 내게 밝은 웃음을 보여 준 아주머니의 모습에서 순간적으로 따뜻함을 느꼈다. 뭔지 모르는 뭉클함과 감사함에 아주머니의 검사 결과가 좋게 나오기를 바라는 짧은 기도와 함께 검사를 마쳤다. 이 짧은 기도를 시작으로 긴장이 풀리면서 점점 얼굴에 미소를 띠게 되었고, 방문하는 모든 사람의 건강을 위해 기도하는 여유를 갖게 되었다.

<u>의료선교 2</u> : 비록 언어는 다르지만, 하나님을 찬양하는 마음은 같다!
주일에는 호산나교회에서 예배를 드렸는데, 잘 모르는 캄보디아어로 진행되는 예배가 답답했다. 급기야 즐거운 찬양마저 캄보디아어로 하니까 지루해지기 시작했다. 찬양이 끝나자 캄보디아어로 말씀을 전할 것이라 생각해서 '오후 진료를 위해 좀 쉬자'는 생각으로 눈을 감았다. 그런데 최대광 목사님이 한국어로 말씀을 전하셨다. 나는 순간적으로 당황했다. 그리고 현지 성도들은 한국어로 전하는 말씀을 안 들을 거라고 생각하며 그들이 예배를 드리는 모습을 살펴보았다. 그런데 현지 성도들은 한국어로 전하는 설교를 지루해하거나 당황스러워하지 않았다! 정말 놀라웠다. 캄보디아어 찬양과 기도를 답답해하고 지루해했던 내 자신이 부끄러웠다. 비록 언어가 달라도, 하나님을 찬양하는 마음이 있다면 얼마든지 함께 예배할 수 있음을 깨달았다.

의료선교 3 : 하나님의 계획

세 번째 의료선교지인 시온페약 끄다이교회는 전기가 잘 들어오지 않아서 진료하는 데 어려움이 많았다. 내가 담당하는 진단 검사는 전기가 꼭 필요하므로 전기가 들어올 때까지 기다려야 했다. 하지만 오랜 시간 전기가 들어오지 않아서 결국 전기가 없어도 가능한 검사를 먼저 했다. 점심 시간이 될 때까지 직접 눈으로 정상 결과와 비교하며 검사하던 중 전기가 들어왔다. 편하게 검사하게 되어 감사하다는 기도를 드리는데, 기계의 일부가 작동을 멈춰 버렸다. 나는 송재옹 권사님이 모든 검사를 포기하실 줄 알았다. 그런데 권사님은 모든 혈액을 직접 챙기고 숙소에 가서 기계를 수리한 후 검사 결과를 알려주겠다고 하셨다. 이 얼마나 놀라운 열정인가!

전기가 들어오지 않아 많은 에피소드가 생겼는데 그중 이런 일도 있었다. 소변검사를 늘 기계에 의존하던 우리가 직접 눈으로 정상 결과와 비교하다가 검사 결과에 의문이 생기는 분을 만나게 되었다. 어떻게 할지 고민하다가 소아과 이소영 선생님께 의뢰하여 진료를 받도록 도와주었다. 기계로 소변검사를 했다면 그냥 넘어갈 수 있었는데, 직접 눈으로 비교하고 질문하면서 발견한 것이다.

전기가 들어오지 않아 생긴 이 모든 일이 어쩌면 하나님의 계획하심이 아니셨을까 하는 생각이 들었다. 첫째, 이번 일을 통해 송재옹 권사님의 열정을 보면서 힘든 상황 가운데서도 나 역시 새로운 힘과 열정이 생겼기 때문이다. 둘째, 자칫 간과할 수 있었던 건강상의 문제를 직접 발견하여 치료를 받게 하셨기 때문이다. 이 일을 행하신 하나님께 감사드린다.

의료선교 4 : 아쉬운 마지막 의료선교

아주 긴 시간일 것만 같았던 의료선교였는데, 마지막 사역지인 돕그러 쌍교회에서의 사역은 아쉬움이 가득했다. 특히 마지막이라는 생각에 어찌나 시간이 빨리 가는지 하루가 너무 짧게 느껴졌다. 그동안 함께했던 통역 친구들, 언니, 오빠들에게 아쉬운 작별인사와 함께 의료선교 활동을 마무리했다.

한국으로 돌아오는 비행기에서 다음 해외 의료선교를 다짐하다!

길다고 생각하면 길 수도 있고, 짧다고 생각하면 짧을 수도 있는 의료선교 기간 동안 하나님을 마음껏 찬양할 수 있어서 좋았다. 늘 마음속으로만 그렸던 의료선교를 직접 참여하면서 내 꿈인 한국국제협력단(KOICA, 코이카) 봉사 활동에 한 발자국 더 가까워진 것 같다. 하나님을 만나지 못한 친구들을 위해 더욱 기도하고, 다음에 기회가 된다면 주저 없이 해외 의료선교에 참여하고 싶다.

몽골 단기 의료선교 소감문(학생)

하나님을 찾는 사람

김현근(고려대학교 의과대학 본과 2학년)

내가 의대에 간 것은 의료선교라는 목적이 있었기 때문이다. 하지만 본과 2학년이 되기까지 의료인으로서 선교를 해본 적은 없었다. 단순한 선교나 봉사는 해보았지만 말이다. 어쩌면 이번이 마지막 방학일 수 있겠다는 생각이 들어서 꼭 의료선교를 가고 싶은 마음이 있었다. 바로 그 찰나에 한국누가회에서 몽골 의료선교 팀원을 모집하는 것을 보고 기쁜 마음으로 지원하게 되었다.

사실 작년 방학에도 의료선교를 가려고 했으나 선교보다는 봉사 개념이 많아서 지원하지 않았다. 그런데 이번에는 선교이기에 곧바로 지원했다. 우리는 매주 월요일마다 모여서 몽골에 가서 보여 줄 춤을 연습하고, 화요일에는 기독의사회 찬양 연습을 했다. 또 개인적으로 큐티 만들기, 찬양 콘티 짜기, 기타 연습, 책자 만들기 등을 준비하게 되었다.

아쉽게도 한국누가회에서 많은 친구들이 가지 못해서 내가 많은 일을 맡게 되었다. 선교를 준비하는 과정에서 뜻대로 되지 않아서 마음이 상하기도 했고, 포기하고 싶은 마음이 들기도 했다. 하지만 이 모든 일에는 하나님의 뜻이 있으며 모든 길을 예비해 주실 것이라 믿었다. 또한 몽골에 가서 의료선교를 할 때 더 많은 것을 얻고 체험하고 돌아올 거라는 믿음을 가지고 나아갔다. 그렇게 몽골로 떠났다.

몽골에 도착하여 존경하는 박관태 선교사님을 만나 아가페병원에서 며칠간 여러 가지 일을 보조하면서 의료 봉사를 했다. 생각보다 환자들이 많아서 지치고 힘들기도 했지만 그래도 기뻤다. 누군가를 도와줄 수 있고 헌신할 수 있다는 기쁨에 웃음이 났다. 며칠 되지 않았지만 훗날 의료선교사로서 의술을 베풀며 도와줄 때, 그들에게 하나님을 전할 때 정말 행복하고 기쁘다는 것을 알게 되었다. 하루는 선교사님을 따라 몽골 국립의대병원으로 가서 음낭수종 환자 수술 어시스트를 할 기회가 있었다. 본과 2학년으로서 경험하기 어려운 그 일이 평생 기억에 남을 것 같다.

병원에서의 봉사를 마치고 남은 며칠간은 시골 지역으로 가서 목동들을 검진하고, 사막 체험과 양떼 체험을 하는 시간이 있었다. 하필이면 그때 식중독에 걸리는 바람에 나는 아무것도 못 하고 약을 먹고 방에 누워 있었다. 지금도 생각하면 너무 아쉽다. 목자이신 하나님이 양을 돌보실 때 어떠한 마음일지 느껴 보고 싶었는데 그러지 못해서 너무 아쉽기만 하다. 함께 간 친구들과 추억을 쌓는 시간도 많았다고 들었는데 그때도 함께하지 못해서 아쉬웠다.

하지만 그런 시간을 보내면서 나는 이런 생각을 하게 되었다. '의료선교는 단순한 일이 아니며, 하나님께서 어떤 뜻이 있어서 내게 그렇게 행하신 게 아닐까?' 그전에 나는 의료선교는 어려운 일이라고 여기지 않았다. '그냥 가서 하면 되는 거 아닌가?'라고 생각했다. 그런데 준비 과정을 통해서나 몽골에 가서 아픈 시간을 보내면서 의료선교가 결코 단순한 것이 아님을 깨닫게 되었다.

하나님의 일을 할지라도 고통과 고난의 길을 걸어갈 수 있고, 그러한 때에 하나님을 더 찾고 의지해야 함을 알게 되었다. 봉사를 할 때도 봉사에만 집중하고 육체의 것만 신경을 쓰다 보니 하나님을 찾지 않고 하나님을 찬양하지도 않았다. 아마도 내게 하나님을 찾으라는 메시지를 주신 것 같았다. 무슨 일을 하든지 하나님을 찾아야 함을 분명히 느끼고 돌아오게 되었다.

몽골에서 선교를 하면서 엄청난 기쁨을 하나 더 누리게 되었다. 우리와 동행한 간호사 선생님이 계셨는데, 믿지 않는 분이었다. 나는 우리 팀원의 전도에 초점을 두기보다는 몽골 의료선교에 더 초점을 두었는데, 하나님은 다르셨다. 셋째 날 아침, 여느 때와 다름없이 큐티 인도를 하는데 갑자기 간호사 선생님이 여러 가지 질문을 하셨다. 하나님이 주신 지혜로 다행히 잘 대답할 수 있었다. 간호사 선생님이 선교사님의 모습을 보고, 또 내 이야기를 듣고서 교회에 나가고 싶은 마음이 생겼다고 하셨다. 이제 한국에 돌아가면 교회에 나가겠다고 하셨다.

이것이 바로 전도였다! 그동안 단순히 친구를 교회에 데려올 적에는 사실 마음속에 큰 기쁨이 없었다. 어떻게 보면 그들 스스로 하나님을 믿겠다고 한 것이 아니었기 때문이다. 그런데 간호사 선생님의 고백을 듣는 순간 마음이 너무 행복했다. 전도의 기쁨을 맛볼 수 있었다. 여느 때와 같이 그냥 큐티 시간으로 여겼고, 함께 간 몽골 팀원의 전도는 생각지도 않았는데, 하나님께서 그 짧은 시간에 임하신 것이다. 지금도 그 기쁨은 잊혀지지가 않는다. 앞으로 내가 전도할 맛을 느끼게 해주었다.

모든 것을 마치고 한국으로 돌아오니 이런 다짐을 하게 된다. 내가 의대를 선택한 이유를 죽는 날까지 마음속에 새기고, 의료라는 달란트로 평생 하나님 나라를 위해 사용하리라고 말이다. 수많은 신앙의 선배님들이 이야기하셨듯이, 앞으로 병원생활을 하면서 바쁜 일상이나 술 문화라든지, 인간관계에서 내 신앙을 무너뜨리려고 하는 것이 많을 것이다. 그럴 때마다 다른 것에 의지하지 않고 오직 하나님을 찾고 중심을 바로잡아 하나님께 기도하며 지금 이 마음을 끝까지 지키고 싶다. 고려대학교 의과대학을 세우신 로제타 홀 선교사님처럼 다른 사람을 사랑하고 헌신하는 하나님의 귀한 일꾼으로 쓰임받고 싶다. 이번 선교를 통해서 그것이 무엇인지 조금이나마 느낄 수 있었다. 신배님들처럼 의사가 되고 전문적인 지식이 생겼을 때 다시 한번 의료선교를 가고 싶다.

짧은 시간이었지만 김윤환 교수님을 포함한 모든 몽골 선교 팀원을 만날 수 있어서 감사하다. 몽골에서 헌신하시는 박관태 선교사님을 만난 것, 경희대학교 한국누가회 형님들을 만난 것 등 모든 인연을 통해 귀한 동역자가 생겨서 좋다. 그리고 무엇보다 모든 일정을 안전하게 지켜 주시고 모든 길을 인도해 주신 하나님께 진심으로 감사드린다.

S국 단기 의료선교 소감문(의료인)

기독교에 대한 좋은 인상 심어 주기

치과 박훈(정동제일교회)

이번 S국 해외 의료선교는 네 차례의 캄보디아에 이어서 다섯 번째로 가는 해외 사역이었다. 처음 가는 해외 선교가 아니라 어느 정도는 익숙했지만, 이 나라는 처음 가는 곳이라 기대 반 걱정 반으로 출발했다.

B공항에 도착했을 때 받은 S국의 첫인상은 어느 정도 깨끗하고 기틀이 갖춰져 있다는 것이었다. 지난 겨울에 선교하러 갔던 캄보디아 시엠레아프 공항에 비해 시설이 크고 많았으며 자국인 이용객도 많았다. 마지막 날 공항에 가기 전 잠깐 들른 C 시내도 세련된 모습이었다.

도착 당일, 현지 교회의 준공식에 참여할 예정이었으나, 현지 사정으로 공사가 지연되어 S국 현지 문화를 체험하게 되었다. 앞으로 우리가 사역할 고원지대에 도착하여 야간 비행의 피독을 달랬다.

이후 4일 간은 예정대로 여러 진료지를 순회하며 사역했다. 그런데 첫

날 치과보존 팀에서 장비를 세팅하자마자 몇몇 장비가 이상을 보였다. 분명히 출발하기 전에 정상적으로 작동하는지 확인하고 조심스럽게 짐을 꾸렸는데도 불구하고 몇몇 장비의 이상으로 진료 시작이 원활하지 못했다. 그나마 한 장비는 임시로나마 사용할 수 있게 되었다.

이번 치과 팀은 비교적 일손이 넉넉하여 첫날 오후부터 순조롭게 진료할 수 있었다. 환자 수가 적지 않았지만, 업무 분장이 잘 되어 혼선이 적었으며 보존 영역의 환자 가운데 특기할 만한 환자는 없었다. 다만 보존 영역과 구강악안면외과 영역 간의 비율이 맞지 않아서 한쪽에만 환자들이 몰리는 현상이 종종 나타났다.

치아를 발거해야 할 환자보다 보존적인 치료를 요하는 환자의 수가 많았다는 점을 고려하면 현지의 구강위생이 그리 나쁘지 않다고 짐작되었다. 일반적으로 충치의 진행이 심하면 발거해야 하기 때문이다. 게다가 치료를 요하는 환자 가운데 소아환자의 비율이 상당히 높았는데, 이 역시 국가적 혹은 지역적 차원에서 어느 정도 구강관리가 이루어지고 있기 때문이라고 생각한다.

C 시내에서 느낀 바를 고려할 때 현지의 빈부 격차가 큰 것 같다. 그러다 보니 어느 정도의 보건 교육과 진료는 진행되지만 고산지대나 시골 등 소외지역은 현대 의료의 손길이 미치지 못하는 곳이 많으리라 생각된다.

치과에 해당하는 사례는 없었지만, 의과적으로 상당히 드문 질병의 경우에도 자신의 의무 기록을 가지고 진료소를 찾은 사례가 있었다는 의사들의 얘기로 미루어 짐작하건대 아마도 치명적인 질병을 가진 환자들부터 시작하여 현대 의료가 도입되는 것 같다. 일정상 이틀을 연이어 진료한 지역에서는 첫째 날보다 둘째 날에 더 많은 사람이 왔고, 같은 맥락에서 하루 동안 진료한 지역에서도 오전보다는 오후에 더 많은 사람이 왔다. 이는 급한 환자들이 먼저 방문한 뒤에 경험을 공유하면서 입소문을 타고 더 많은 환자들을 데려온 것이라 추측된다. 환자들이 현대 의료를 처음 접한다기보다는 나름대로 의료진의 수준을 파악한 후 내원함을 의미할 것이다. 이런 의미에서 S국은 의료가 없는 것이 아니라, 의료의 분배나 질의 문제가 있을 거라 생각된다.

단기 의료선교 팀으로서 우리가 할 수 있는 일은 '불교 원리주의'라는 이름 아래 의료 봉사에 반대하는 맞불 집회를 여는 지역(실제로 이 같은 이유로 진료 2일차의 일정이 변경되었다)에 가서 기독교에 대한 인식을 개선하고, 좋은 인상을 심어 주는 일일 것이다. 단 한 번의 단기 방문으로 S국에 큰 변화가 있을 거라 기대하기는 어렵지만, 우리가 진료한 환자들의 급한 필요가 채워졌기를, 그리고 현지에서 섬기는 사역자들에게 조금이나마 힘이 되었기를 바란다.

S국 단기 의료선교 소감문(의료인)

하나님 있는 인생

예방의학 윤욱희(정동제일교회)

첫째 날

예정대로 새벽 4시 30분경 S국 C공항에 도착했다. 원래 일정은 K 지역으로 이동하여 오전 10시에 ○○○○○교회 봉헌식에 참석하는 것이었다. 그러나 현지 사정으로 교회 봉헌식 참석이 보류되어서, S지역에 있는 성을 관람하게 되었다. 1500여 년 전 후궁에게서 태어난 ○○○ 왕자가 부왕을 죽이고 왕위를 찬탈한 후 적자인 동생이 군대를 이끌고 쳐들어올까 두려워서 천혜의 요새인 S지역으로 수도를 옮기고 바위산 위에 성을 지어 500여 명의 궁인들과 함께 10여 년을 살았다고 한다.

결국 동생에게 쫓긴 ○○○가 전장에서 자결하는 슬픈 역사가 유물과 함께 남아 있었다. 선교사님의 말씀대로 인간의 탐욕이 얼마나 무섭고 하나님 없는 인생이 얼마나 무상한지를 깨달으며 참다운 천국의 영생복락을 되새기는 시간이었다.

첫째 날 밤 비행기에서 내리자마자 의료선교 사역을 시작했던 예년과 달리, 올해는 잠시 여유 시간을 갖게 되어 신체적으로 고단함이 훨씬 덜했다. 숙소로 잡은 호텔 방에 들어서니 H 선교사님이 정성껏 준비하신 환영 메시지와 일정이 적힌 메모가 웰컴 바스켓과 함께 있었다. 성심성의껏 준비해 주셔서 무척 감격스러웠다.

둘째 날과 셋째 날

K지역 보건소에서 진료를 했는데 작년보다 건물도 깨끗했고, 날씨도 무덥지 않은 편이었으며, 한 건물에서 연이어 이틀간 진료하니 번거로움도 없었다. 2차 진료가 필요한 소아환자가 두 명 정도 있었다. 대부분 상기도염과 중이염과 피부병이었다.

치과 팀에서 마취약제 등 의료 장비를 빌려 외과적 봉합 시술을 한 환자도 두 명이 있었다. 오른쪽 턱 밑에 종양이 있는 남자아이가 왔는데 혹시 암이 아닌가 싶었다. 그런데 치과 선생님이 보시더니 어금니 염증을 그냥 두어 턱 밑까지 누공이 생긴 것이고 육아종이 차 있는 것이라 하셨다. 또한 바이러스성 피부질환인 물사마귀 환자가 있었는데 두려워서 울며 몸부림치는 여자아이를 꼭 붙들고 가정의학과 선생님과 함께 큐렛으로 깔끔하게 처치해 주었다.

그런데 미련을 남기고 올 수밖에 없는 여자아이가 있었다. 아홉 살

된 소녀인데, 얼굴과 외모가 준수했으나 항문 위 꼬리뼈 쪽에 달걀 만한 크기의 혹이 달려 있었다. 진료 차트에 보호자의 연락처를 남길 수밖에 없는 현실이 안타까웠다. 이 지역 담당 목사님의 별고 있으심에 마음이 아프고 어찌해야 진정한 위로가 될지 신경이 쓰였지만 하나님의 크신 위로가 그분의 사랑하시는 자녀를 통해 조용히 이루어지고 있었다.

넷째 날

F지역에서는 최근에 다른 종교인들과 갈등이 있었다. 그래서 새로 지은 교회 건물에서 의료 사역을 하지 못했다. 또한 N지역에서는 주일 예배와 더불어 진료를 했다. 지역 주민들이 자발적으로 많이 와서 예배에 참여하는 모습이 인상적이었고, 현지 전도사님의 열정적인 찬양도 좋았다. 장소가 비좁아서 상당히 불편했지만, 다행히 2차 진료가 필요한 특이 환자는 없었다.

다섯째 날

D지역은 K지역에서 가장 먼 곳으로 고도 1,000미터가 넘는 곳에 위치한 산골마을이다. 그곳에서 만난 남자아이와 그 아이를 안고 오신 할머니의 모습이 아직도 눈에 선하다. 예닐곱 살 된 남자아이인데, 선천성 뇌기형으로 온몸이 축 처지고 왼쪽 안구 위로 큰 백색포도 같은 덩어리가 있었는데 속수무책이었다. 그 지역의 큰 병원으로 가야 할 것 같다고 하

자 할머니가 아이를 안고 힘없이 가셨다. 그 뒷모습을 바라보는데 미켈란젤로의 '피에타'가 떠올랐다. 'S국에는 이런 아이들을 치료해 주는 아동병원이 과연 있기나 할까?'라는 생각이 계속 떠올랐다.

여섯째 날

마지막 날, 귀국 비행기에 몸을 실을 때까지 상당히 여유로운 시간을 가질 수 있었다. 인천공항에 도착해서 4시간 30분 정도 리무진을 타고 근무지로 가서 곧바로 일을 해야 하는 나로서는 퍽 다행스러웠다.

정동교회 해외 의료 팀의 구성과 진료 업무 진행은 참으로 환상적이었다. 모든 팀이 훌륭하지만 특히 약국 팀, 임상병리 팀, 치과 팀, 청년부의 활약이 대단했다. 다음에 방문할 때는 빈혈이 많은 지역이라는 점을 고려하여 혈액검사를 위한 키트를 더 많이 준비해야겠다.

C공항에서 선교사님의 사모님께 "단기 의료선교가 장기 의료선교에 진정 도움이 되나요?" 하고 살짝 여쭤 보았는데 "당연히 많이 도움이 되지요" 하고 크게 대답해 주셨다. 그동안 고생한 보람이 있었고 참으로 다행이다 싶었다. 기도해 주시고 물심양면으로 후원해 주시는 정동교회 목사님과 목회자들 그리고 성도들에게 진심으로 감사드린다. 또한 우리의 빈자리를 지켜 주고 감내해 준 가족과 직장 동료들 위에 하나님의 은혜와 사랑이 충만하길 기도한다.

S국 단기 의료선교 소감문(의료인)

한 알의 밀알이 되기를

비뇨기과 김현우(정동제일교회)

S국 K지역은 홍차로 유명한 곳으로 해발 700-800미터에 위치한 산악지대다. 내가 담당했던 사역은 내과를 제외한 정형외과, 피부과, 비뇨기과, 외과 분야다. 내 전공인 비뇨기과 환자는 별로 없었다. 방광염이나 배뇨 곤란 증세가 있는 노인 환자를 보면 반가웠다. 대부분의 주민들이 고된 노동으로 인해 허리와 다리에 만성적인 통증을 갖고 있었다. 근본적인 원인이 고된 노동이기에 의사로서 한계를 느꼈다.

맑은 공기와 강한 자외선 때문에 노령 인구에서는 백내장 환자가 많이 나타났다. 이들이 수술을 하면 새로운 세상을 볼 수 있는데, 그럴 수 없어서 안타까웠다. 피부 질환 환자도 많았다. 한국에서는 보기 힘들 정도로 심하게 진행된 피부 병변이 있었다. 우리가 준비해 간 약으로는 한계를 느낄 정도로 심한 피부 질환 환자가 많았다.

농기계나 바위 등에 상처를 입은 환자들이 많이 왔는데, 열상 환자도 하루에 서너 명 정도 왔다. 상처 부위를 알 수 없는 물질로 더럽혀서 오는 환자들이 있었는데, 그들을 보면 상처 부위에 된장을 바르던 우리나라의 과거가 기억난다. 우리가 가야 할 사역지가 많아서 매번 장소가 바뀌므로 열상 부위를 봉합한 환자들을 다음번에는 만나기 어렵기 때문에 사후 관리가 늘 걱정이다. 자세히 설명해 주지만 열악한 환경에서 감염의 위험이 늘 있기에 마음이 무겁다.

매번 봉사를 하면서 한계를 느낀다. 하루에 수백 명씩 몰려오는 환자들에게 우리가 준비해 간 약을 2주간 처방하는 정도에 머무르는 것이 아쉽기만 하다. 그렇다고 모든 환자에게 두세 달 분의 약을 주는 것은 현실적으로 불가능하다. 이런 단기간의 처방으로 그들의 고통을 얼마나 줄일 수 있을까 하는 생각이 마음 한 켠에 자리하고 있다.

S국은 다른 지역과 달리 믿음의 역사를 더 많이 느끼게 한다. 이곳에서 14년째 사역하고 계시는 H 선교사님이 생각난다. 예수님을 알지 못해 영원히 죽을 수밖에 없었던 이곳에 하나님의 말씀이 조금씩 퍼지고 있는 현장을 목격하면서 진정한 선교가 무엇인지에 대해 느낄 수 있었다. 아가페 의료 선교단이 자그마한 힘이 된다고 생각하면 무한한 감동이 밀려온다.

S국 어린이들의 맑은 눈동자와 해맑은 웃음이 생각난다. 진료 사역을 마치고 떠나는 우리가 탄 버스를 따라오던 순수한 영혼들이 기억난다.

아펜젤러 선교사의 희생으로 우리나라가 복음화된 것같이 대부분의 사람들이 불교를 믿는 그 땅에 우리의 작은 봉사가 복음의 씨앗이 되기를! 우리의 작은 사역이 S국 K지역에서 한 알의 밀알이 되기를 열망하고, 그곳의 많은 영혼이 하루빨리 주님의 품으로 돌아오기를 기도한다.

태국 단기 의료선교 소감문(의료인)

마약삼각지대에 울러퍼진 인술(仁術)의 하모니

한의과 오정환(한국기독한의사회 서기)

편집자(최변탁 원장, 한국기독한의사회 회장) 주 : 한국기독한의사회는 추석 연휴 기간인 9월 25일부터 30일까지 5박 6일 간에 걸쳐 태국 치앙라이 및 인근 미얀마 접경 지역에서 소수민족과 화교, 태국 주민들을 대상으로 단기 의료 봉사를 실시했다. 이번 의료 봉사는 9년 전부터 시작되어 매년 한두 차례 이어지고 있다. 금년에도 김병로 지도목사를 비롯한 한국기독한의사회 회원 한의사 9명과 가족 등 총 27명이 동참했다. 현지에서 사역하는 윤명호 선교사님을 도와 총인원 600여 명에게 침, 뜸, 부항 치료를 하고, 준비해 간 한약과 건강기능식품, 영양제 등을 주었다. 또한 문화 사역, 어린이 사역 등을 통해 현지인들에게 뜨거운 호응을 받았다.

우리는 국민 보건의 한 축을 담당하는 의료인들이다. 날마다 병원에서 수많은 아픈 이들을 만나며 그들을 위로하고 치료한다. 그렇기에 매일 아픈 이들을 돌보는 사람들에게 이런 질문을 하는 것이 어떤 의미인지 다시 생각해 보게 된다. "단순히 내 직장에서의 업(業)을 떠나 다른 이들의 아픔을 마음으로 함께 나누고 있는가?" "지금 그렇게 살고 있는가?" 이는 각자에게 적잖이 고민되는 문제일 것이다.

마음에는 늘 품고 있으나 적극적으로 무언가를 하기에는 아직 마음의 여유가 없고, 또 해보고 싶어도 어떻게 해야 할지 잘 모르기 때문이다. 물론 TV 프로그램이나 컴패션, 굿네이버스, 월드비전 같은 기관을 통해 후원하는 이들도 있을 것이다. 하지만 우리는 직접 어려운 이들을 도우며 나누는 기쁨을 경험하기를 마음속으로 바라 왔는지 모르겠다.

이번 추석 기간(9월 25-30일)에 태국 치앙라이 의료선교를 가기 위해 모인 팀원들 역시 바쁜 현실에서도 이런 고민과 비전을 품어 온 사람들이었다. 요양병원을 개원하여 경영에 고민이 많은 원장님, 부자관계를 회복시키려는 아내의 강권으로 의료 봉사에 참가하게 된 원장님과 장성한 아들, 적성과 진료 문제로 고민하며 방황하는 대학생, 고등학생 자녀들, 결혼과 가정사의 문제를 들고 무거운 마음으로 참여한 원장님과 음악 선생님까지….

아홉 명의 한의사와 그 가족들, 그리고 방콕에서 사역하시는 선교사님 가족으로 구성된 한국기독한의사회 의료 봉사 팀은 고민 많은 사람들이 함께 마음을 모아 아름다운 도전을 시작하게 되었다.

'동남아의 디아스포라' 산족을 품고

우리는 동남아의 소수민족인 산족을 찾아갔다. 이 소수민족은 인구가 600-800만 명이며, 우리나라로 치면 강원도와 비슷한 이미지로, 개발이 덜 된 고산지대의 삼림에서 마을을 이루어 살고 있었다. 이들은 3년 전에 우리 회원들이 의료 봉사로 찾아갔던 곳과 근접한 지역에 있었다.

우리가 베이스캠프를 친 곳은 마약왕 쿤사 사령관의 영향력이 지대했던 곳이다. 이 지역은 소위 '골든트라이앵글'(태국, 라오스, 미얀마 국경의 삼각형을 이루는 지역으로 아편과 헤로인의 주요 생산지)이라는 마약삼각지대를 중심으로 주변에 마약 재배를 하고 마약 밀매로 벌어들인 자본으로 쿤사가 1997년 투항할 때까지 수십 년간 군사적·정치적으로 장악했던 곳이다. 세계 양귀비 생산량의 절반, 미국 헤로인 유통의 60퍼센트를 공급했다고 하니 이 지역에 얼마나 많은 불법과 폭력, 그리고 영적 타락이 이루어졌을지 가히 짐작해 볼 수 있다.

시간이 흘러 마약 재배가 많이 줄었다고 하지만 아직도 남아 있는 군사적 장악과 정부의 외면 속에 힘없고 가난하게 살아가는 샨족을, 우리는 오랜 비행과 차로 이동한 끝에 만나게 되었다.

'골든트라이앵글'의 어둠을 뚫으며

첫 진료는 26일(토요일) 오후, 우리가 도착하자마자 캠프의 숙소에서 바로 이루어졌다. 우리가 도착하기 전부터 많은 지역 주민들이 와서 기다리고 있었다. 한의사 자녀들로 이루어진 우리 청년들은 그늘이 드리워진 땅에 모포를 깔고 의자를 줄지어 놓았다. 아홉 명의 한의사들은 침, 뜸, 부항, 파스 등의 진료도구로 곧바로 진료를 시작했다.

선교사님 가족 세 명만 태국어가 가능했고, 태국어-영어 통역 인력이 턱없이 부족해 언어의 장벽이 있는 힘든 진료였다. 그들의 호소하는 표정과 손짓 하나하나를 마음으로 좇아가며 모든 원장님이 성심껏 치료했고 함께한 팀원들도 구슬땀을 흘리면서 진료를 도왔다.

힘든 노동으로 인한 근골격계 환자가 대다수였다. 그 밖에 소화기, 호흡기, 허로 환자와 피부질환, 안질환, 치과 환자들도 있었다. 진료하면서 그들의 힘겹고 고난 많은 삶을 엿볼 수 있어 참으로 안타까웠다.

27일 일요일에는 난민 캠프로 이동했다. 봉고차 세 대에 나눠 타고 고산준령을 넘어 수풀길을 한참 달렸다. 또 국경에서는 차에서 내려 걸어서 진료할 학교로 갔다. 휴일이라 아이들이 없는 텅 빈 학교에서 진료 준비를 했다.

교실 풍경이란 우리나라 1960-1970년대처럼 닳고 닳아 낡은 의자와 책상 몇 개, 잘 지워지지 않는 칠판과 슬레이트 지붕, 천장에 매달린 전등 하나가 전부였다. 한낮에도 어둡고 열악한 교실이었지만 진료한다는 소문을 듣고 많은 난민이 찾아와 복도까지 긴 줄이 이어졌다. 이곳은 전날과 달리 태국어조차 통하지 않는 지역이라서 어려움이 더 많았다. 그래도 한 분 한 분 반갑게 맞이하며 진료했다.

손짓, 몸짓으로 전해진 사랑

한의사 사모님들과 자녀들로 이루어진 어린이 사역 팀은 난민 아이들에게 찬양을 가르치며 성경 말씀을 전했다. 아이들에게 초코파이와 반지사탕은 큰 기쁨이 되었고, 풍선아트와 페이스페인팅 역시 즐거운 선물이 되었다.

문화 사역 팀도 지역 주민들과 함께했다. 한국예술종합학교에서 국악을 전공하는 자녀가 북, 장구, 꽹과리로 대한민국의 전통음악을 주민들의 박수 속에 멋지게 들려주었고, 버클리 음대에서 기타를 전공하는 선교사님의 자녀와 선교의 비전을 가진 바이올린 전공 선생님의 아름다운 합주가 진료를 기다리는 주민들과 지친 팀원들에게 큰 힘이 되어 주었다.

마침 주일이었기에 우리는 난민 캠프 내 지역교회에서 예배를 드리게 되었다. 늦여름의 무더위 속에 긴 수풀을 지나고 외나무다리를 건너 언덕을 한참 오른 끝에 만난 교회는 마치 영화 '미션'에서 보았던 교회처럼 아름다웠다. 척박하고 가난한 이 땅에 이토록 아름다운 교회가 둥지를 틀고 있는 것이 참으로 기쁘고 놀라웠다.

주민들은 호기심 어린 얼굴로 우리를 반갑게 맞아 주었고, 몇몇 청년부원들이 갖고 있는 유일한 악기인 기타를 연주하며 찬양을 들려주었다. 그런데 찬양하는 청년부원 중 한 명이 목발을 짚고 있었다. 지뢰 때문에 민간인이 죽거나 다치는 경우가 많은 군사지역이라는 설명을 나중에 듣고서 더 안타까운 마음이 들었다.

한국에서 팀원들과 함께 연습하며 준비한 찬양 "나 같은 죄인 살리신"과 "당신은 사랑받기 위해 태어난 사람"을 예배 시간에 태국어로 더듬더듬 불렀다. 밝은 얼굴로 집중하는 산족 주민들을 보니 우리의 마음

만큼은 충분히 전해진 듯했다.

현지 국내선 연착에 발 동동 구르기도

날씨만큼이나 뜨거운 열기 속에서 한국어와 태국어로 예배를 드렸다. 이후 일정에서도 샨족 주민들의 협조와 팀원들의 노력으로 여러 사역을 성공적으로 마칠 수 있었다.

다음으로 캠프 지역 내에 있는 태국학교와 중화학교로 갔다. 학교 지도자들과 이야기가 잘 되어 수백 명의 전교생 앞에서 두 번이나 복음을 전하고 단체 진료를 하게 되었다. 태국학교에서는 처음으로 '예수'라는 이름을 들었을 아이들에게 목사님이 성경 말씀을 전했고 선교사님이 통역해 주었다. 또 어린이 선교와 문화 선교와 함께 진료를 했다. 우리가 예상했던 것보다 아이들이 더 많아서 준비한 팝콘이 동이 나고 페이스페인팅을 담당한 자녀들이 애를 많이 썼다. 오히려 그 분주함과 수고가 감사한 은혜의 시간이었다. 중화학교에서는 큰 강당 한구석에서 진료를 했는데, 학생들이 추석을 맞이하여 공자에게 지내는 제사의식에 참여하는 모습도 볼 수 있었다.

문득 중국인들이 접경지대에 사는 까닭이 궁금했다. 이야기를 들어보니, 1949년 공산당과의 전쟁에서 패배한 국민당의 추종자들이 중국을 떠나 대만으로 갈 때 그중 일부가 동남아시아로 흘러들어와 이 지역에 정착했다고 한다. 현재에도 타이완 정부와 긴밀히 연결하여 중국식

유교 문화를 잇고 있다고 한다. 이곳에서도 지역 촌로들과 학교 관계자들의 도움을 받아 많은 지역 주민과 학생들을 대상으로 진료, 문화 사역, 어린이 사역을 진행할 수 있었다.

오가는 시간을 제외하고 총 3일 간의 짧은 의료 봉사 기간이었지만 520여 명의 주민과 학생들을 만나 그들과 소통하고 치료를 했다. 770여 명의 어린이들을 만나 그들에게 한국의 문화와 음악을 알려 주며 어린이 사역을 했다.

의료 봉사 기간 중 국내선 공항으로 이동하는 차편을 놓치기도 하고 가방을 잃어버렸다가 다시 찾기도 했다. 귀국할 때는 현지 국내선 비행기가 연착하는 바람에, 수십 명이 방콕 공항을 허겁지겁 뛰어 간발의 차로 한국행 비행기에 오르는 해프닝도 있었다. 모두 무사히 귀국하여 각자의 삶으로 귀환하게 되어 감사하다.

누군가를 돕는 기쁨을 안고

이번 태국 선교를 통해 우리 모두가 하나 됨을 경험한 것이 가장 큰 기쁨이었다. 27명(현지 선교사 가족 포함 30명)의 인원이 각자 감당해야 할 날씨와 건강 문제, 음식 등 여러 가지 불편함이 많았지만, 오히려 서로 챙겨 주고 배려하는 가운데 일정을 잘 소화할 수 있었다.

또한 가족 구성원들이 화합하고 연합하는 모습이 감동적이었다. 어머니 없이 함께한 여행이 많이 힘들었을 텐데 씩씩하게 잘 이겨내면서 아버지 환자들의 발침(꽂았던 침을 뽑는 일)을 돕고 파스를 발라드리며 물품을 능수능란하게 정리하는 초등학생 자녀들도 참으로 대견했다.

집에서는 아버지와 5분조차 대화하기 어려울 정도로 관계가 어려워 어머니의 강권에도 불구하고 이번 선교에 동참할 마음이 전혀 없었던 한 자녀는, 함께 선교하는 동안 아버지의 마음을 이해하게 되고 부자관계를 회복하는 소중한 시간이 되었다. 아버지는 고타요법(망치요법)으로 진료를 하고 아들은 전담 진료 보조로서 환자들을 받쳐 주는 일을 하면서 아버지의 삶을 이해하고 사랑과 신뢰를 회복해 가고 있었다. 이번에 참 잘 다녀온 거 같다고 고백하는 아들을 보며, 가족 간의 정이 두터워지는 것 같아 참으로 기뻤다.

예고에 진학했지만 계속 진로에 대한 고민을 품고 있는 고등학생 딸도, 수많은 아이들에게 페이스페인팅 봉사를 하며 자신의 꿈을 가치 있게 여기고 더욱 사랑하게 되었다. 교대에서 공부하는 대학생 딸 역시 처음으로 만난 수백 명의 아이들을 가르치며 담대하고 능력 있는 선생님으로서 성숙해 가고 있었다.

참여한 한의사 원장님들 역시 틀에 박힌 자신만의 공간과 시간을 벗어나 여러 원장님들과 다방면으로 교류하며, 참 의료인으로서 나아가야 할 바를 공유하는 뿌듯한 시간이 되었으리라 확신한다.

"나는 누군가를 도울 수 있는 사람인가?" 이번 의료 봉사를 통해 얻은 대답은 이것이다. "마음에 품은 생각을 실현할 용기가 조금이라도 있다면 얼마든지 가능하다." 또한 우리가 도움을 주는 만큼, 아니 그 이상으로, 나와 내 가족이 더 풍성한 사랑으로 채워지며 더욱 성장할 수 있음도 체험을 통해 깨달았다.

매년 추석, 어렵게 시간과 비용을 내어 찾아가는 선교지이지만, 그 시간이 우리에게는 스스로를 돌아보고 세상에서 가장 소중한 가족의 사랑을 회복하는 아름다운 치유의 기회가 되리라 믿는다.

"나의 사랑하는 자가 내게 말하여 이르기를 나의 사랑, 내 어여쁜 자야 일어나서 함께 가자"(아 2:10).

마음이 뜨거운 우리 원장님들이 조금만 더 용기를 내기 바란다. 이 치유와 기쁨의 기회에, 일어나서 우리와 함께 가기를 두 손 모아 기도한다.

미얀마 단기 의료선교 소감문(의료인)

관계 중심의 선교지

치과 한상환(의선교회 장로, 예도치과)

2011년 8월, 의선교회에서 40여 명이 미얀마 의료 봉사를 다녀왔다. 11년 전부터 미얀마를 선교지로 정하고 준비하면서 느낀 것은, 준비 자료가 턱없이 부족하다는 것이다. 미얀마는 은둔의 나라이고 지구의 땅끝이나 다름없었다. 더군다나 의료 봉사를 다녀온 팀이 별로 없었다. 심지어 의료 봉사를 다녀온 팀이 있어도 의견이 제각각이었다. 여행이 매우 위험하다던가 공항에 의료 장비를 압수당해서 봉사를 거의 못했다고 한다. 어느 팀은 두세 명이 하는 소규모 의료 봉사는 괜찮다고도 한다. 여름마다 많은 팀이 해외 의료 봉사를 갈 텐데, 우리가 느끼고 경험한 것을 알리고 선교 정보를 공유하고 싶다.

우리가 미얀마를 선교지로 정한 이유가 있었다. 우리 선교회 이신우 장로님, 김영자 권사님 부부가 미얀마에 의료선교사로 가셨기 때문이다. 이신우 장로님은 경북의대를 졸업하고 마취과를 전공한 후 서안복음병원과 광명성애병원 등에서 마취과장으로 오랫동안 일하셨다. 퇴직 후에는 일산교회 근처에 통증클리닉과 정형외과를 주축으로 하는 선교병원을 공동개원하셨다. 그리고 병원에서 첫 번째 선교사로 파송되어 미얀마로 떠나셨다.

이신우 장로님은 젊은 시절 한국기독교의료선교협회, 기독의사회 임원 일을 많이 하셨고, 이명수 장로님이 세운 아세아연합신학대학 의료선교학과도 졸업하셨다. 이명수 장로님이 세운 의료선교교회에 처음부터 함께하고 나중에 장로가 되셨다. 그리고 병원에 재직하는 중에 합동신학교를 졸업하셨다. 선교지로 떠날 때는 목사 안수를 받아 미얀마에 선교병원 및 은혜교회를 개척하셨다. 목사님의 자녀로 태어나 신앙에 정진하다가 젊을 때부터 의료선교를 늘 꿈꾸셨고, 이제 마지막 기회로 알고 미얀마에서 의료선교를 하고 계신다. 지난번 미얀마 의료 봉사 팀 준비 모임에 특별히 다녀가시며 미얀마 상황을 브리핑해 주셨다. 공산국가에서 선교는 불법이지만 관계 중심의 선교는 가능하다고 이야기해 주셨다.

미얀마에서 관계 중심의 선교를 한 경험을 나누려고 한다. 우리나라는 역사적으로 조선시대에 사색당파나 최근 선거에서 영남과 호남이 나뉘는 것처럼 어떤 법보다도 지역, 학력, 인간관계를 더 중요시한다. 그런 면에서 미얀마에서 관계 중심의 선교에 서구 선교사보다 더 적합하다고 느낀다.

미얀마에서 관계를 이용한 선교

미얀마 정부의 고위관료는 공산주의자라서 기독교를 반대한다. 하지만 말단기관으로 내려갈수록, 특히 시골 마을은 주로 인간관계 중심의 공동체가 깊숙이 뿌리내리고 있다. 그 공동체와 좋은 관계를 유지하면 선교가 가능하다. 우리 팀은 1년 전부터 세 지역을 선정하여 현지 선교사를 통해 마을들과 좋은 관계를 맺어 왔다. 천만 원 정도의 예산을 들여 쌀을 사서 가난한 사람들에게 나눠 주고, 마을에서 원하는 물품을 공급해 주었다. 열대지방이라서 말라리아를 예방하기 위한 모기장 같은 것을 지원했는데, 인근의 인도에서 싼 가격으로 구입하여 전달해 주었다. 그리고 명절이나 공식 행사 때 교회 이름으로 선물을 보내 주었다.

미얀마 공산주의 체제는 북한과 비슷하여 5호 담당제가 있다. 다섯 집마다 감시자가 있어서 동향을 파악하여 보고를 한다. 그 위에는 100호 감시자가 있는데, 그가 마을의 행정과 사법을 책임진다. 마치 아프리카 추장처럼 마을의 모든 것을 책임진다. 그 사람이 전도를 허락하면 교회도 마음대로 지을 수 있다. 그런데 그 책임자가 바뀌면 하루아침에 철폐될 수도 있다.

미얀마는 거주 이전의 자유가 없다. 사회적인 동요를 막기 위해 외국인은 물론이고 내국인도 거주지역, 여행경계지역, 여행금지지역이 있다. 우리가 첫날 봉사하러 간 지역에서 들은 소식이다. 이 마을에 사는 친구 집에 놀러왔다가 밤이 늦어서 자고 간 청년이 이튿날 아침에 신고가 들어가서 감옥에 간 것이다. 여행 허가증 없이 다른 마을에서 자면 안 되는 법이 있다.

교회에서 어린이 캠프를 열어 하룻밤 잠을 자야 할 때도 허가증을 얻어야 한다고 현지 선교사에게 들었다. 우리가 봉사한 지역들은 모두 여행금지지역이었다. 하지만 좋은 관계를 유지해 온 100호 담당자의 도움으로 기관을 방문할 수 있는 허가를 받았다. 기관이란, 선교사들이 각 마을의 100호 담당자에게서 허가를 받아 운영하는 고아원, 병원, 학교 등을 말한다. 마을에서 꼭 필요한 기관이므로 설립을 허가해 주고, 기관에서 하는 행사나 방문 등을 허락하는 것이다.

그런데 말이 허락이지, 담도 없고 울타리도 없어서 기관에서 구호품을 전달하거나 의료 봉사를 한다고 광고하면 동네 사람들이 물밀 듯이 몰려온다. 마을을 돌아다니며 전도하는 것은 안 된다. 그러나 기관에 들어온 사람들을 치료하고 전도하는 일은 묵인해 주는 것이 관계 전도의 핵심이다. 농사꾼이나 상인뿐 아니라 공무원, 부녀자, 아이, 어른 할 것 없이 마을 사람이라면 누구나 만날 수 있고 대화할 수 있으니 공산권 선교의 블루오션이라 할 수 있다. 모든 사람을 열심히 치료해 주었지만 100호 담당자나 경찰, 보안요원이 치료받으러 오면 좋은 관계를 유지하기 위해 VIP 대접을 하고 선물을 주는 것도 잊지 않았다.

이렇게 해서 첫째 날은 선교사가 운영하는 학교에서, 둘째 날은 고아원에서, 셋째 날은 선교병원에서 진료와 전도를 자유롭게 할 수 있었다. 그런데 환자가 너무 많이 몰려와서 오전에 이미 하루 동안 치료할 환자 접수를 마감해야 했다. 열대지방이고 우기라서 각종 질병이 많았다. 게다가 한 가정에 보통 아이들이 열 명 남짓이라서 동네는 작아도 인구가 많았다.

공항에서 의료 장비 통관

이신우 선교사님이 공항에 빼앗긴 의료 장비를 몇 년째 못 찾고 있었다. 그래서 우리 팀은 고위관리와 관계를 맺을 수 있는 인맥을 찾았다. 미얀마에는 석유 가스 매장량이 많은데, 석유는 이미 중국에서 접수한 상태였다. 한국 기업이 가스 채출권을 따려고 들어와 있는데 그 책임자가 과거 한국군 높은 위치에 있었고 미얀마 정부의 높은 사람과 독대하는 사람이었다. 마침 우리 교회에도 군 출신의 높은 사람이 있었는데 만나서 통관을 해주기로 했다. 그 과정에서 너무 자세한 의료 장비 목록을 요구했다. 알아보니 미얀마에서 통관을 막고 있었다.

아무리 가난하고 아픈 친지들이 많아도 외국 의료진이 와서 진료하는 것을 막고, 더구나 선교의 문이 열리는 것을 반대했다. 정부기관이나 정부병원을 통해 방문하는 것은 합법적이고 쉽게 통관되지만 선교를 할 수 없고, 개인을 통해 들어가면 의료 장비 통관이 안 되는 것이 현실이었다. 다행히 우리는 미리 관계를 형성해 놓았다. 현지의 한국 기업 책임자가 공항에 나와서 40개 상자의 의료 장비와 짐들을 안전하게 통관하도록 도와주었다. 그래서 준비한 프로젝트를 다 수행하고 올 수 있었다.

마지막으로 미얀마 역사에 대해 간단히 설명하고자 한다. 너무 가난하고 우리나라와 비슷한 역사라서 생각하면 눈물이 난다. 미얀마는 영국 식민 지배에서 해방되자 1962년 군정부가 쇄국정책을 폈고 불교식 사회주의 경제체제로 가다가 국가 경제가 파탄에 이르렀다. 1988년 8월 8일 대규모 데모와 과잉진압으로 강경군부가 집권했고, 2005년 수도를 양곤에서 네피도로 옮겼다. 2012년 4월 아웅산 수치 여사가 해금되어 국회의원으로 당선되면서 나라 문이 열리기 시작했다. 아직까지 경제는 전체주의 체제이고 이중 환율제이며 인플레가 심각하여 억지로 개방하고 있다.

1960년대부터 미얀마는 선교사나 선교기관을 추방하기 시작했고, 지금도 계속되고 있다. 나는 지금으로부터 17년 전인 1995년에 러시아가 망하고 몽골이 개방될 무렵 몽골에 의료선교사로 갔다. 그런 기회의 문이 지금 미얀마에 열리고 있다. 의료선교를 포함하여 각 분야의 선교 활동을 시작할 수 있는 미얀마는 분명 현대 선교의 블루오션이다. 관계전도를 잘 활용하면 현체제에서도 얼마든지 선교할 수 있다. 지구의 땅 끝 미얀마를 마게도니아 환상으로 볼 수 있는 기독 의료인들이 많이 나오기를 기대한다.

몽골 단기 의료선교 소감문(의료인)

몽골 단기 선교를 다녀와서 : 만남과 고민

이범석(연세대학교 의과대학 1988년 졸업)

편집자 주 : 이범석 선생님은 현재 국립재활원 병원부장으로 근무하고 있다. 척수 손상환자를 주로 진료하는 재활의학과 전문의다.

1. 선교사님들과의 만남

몽골에서의 첫날은 울란바토르 제3병원에서 강의하느라 팀원들과 떨어져 울란바토르에 머물렀다. 덕분에 대학 후배인 Y 선교사님을 만나서 같이 식사하며 이런저런 이야기를 나누었다. 코이카(KOICA, 한국국제협력단)로 남편을 따라 몽골에 들어왔다가 예수님을 만나 선교사로 다시 몽골에 헌신하게 된 이야기, 몽골 척수 장애인들이 재활을 거의 못 받고 10일 만에 퇴원하여 집으로 가야 하는 안타까운 이야기 등을 들으며 이런 생각을 했다. '무엇이 Y 선생님을 몽골 땅에 묶어 놓았을까?'

강의를 마친 후에는 코이카 중장기 자문위원단으로 몽골에 와 계신

채영문 교수님과 같이 점심 식사를 했다. 내가 연세대 보건대학원에 다닐 때 배웠던 교수님이시다. 정년 퇴임 후 연세의료원 특임 교수로 사모님과 몽골에 오셔서 줄곧 헌신하고 계신다. '퇴임 후에도 이렇게 보람 있게 노년을 보낼 수 있구나!'

C 선교사님은 학생 때부터 알고 지낸 분이다. 내 기억 속의 C 선생님은 가녀린 소녀 같은 외모와 순수한 마음을 가진 분이었다. C 선교사님은 우리 팀이 바가노르에 머무는 동안 식당 주방장으로 섬기셨고, 병원과 일정을 조율하고 팀원들이 진료에 늦지 않도록 재촉하는 억척스러운 역할을 맡으셨다. '무엇이 가녀린 소녀를 하나님의 투사로 만들어 놓은 것일까?'

P 선교사님은 잘 모르는 분이었다. 마지막 날 저녁, 몽골 기도의 집에 모인 우리 팀원들에게 선교사님은 방탕한(?) 생활을 하던 자신에게 하나님이 어떻게 다시 찾아와 역사하셨는지를 나누며 간절하고 절절하게 하나님의 마음을 전해 주었다. 그분의 말씀을 듣고 같이 기도하는 시간이 감동적이었다.

2. 몽골 의사들과의 만남

이번 몽골 팀의 단기 사역은 독특했다. 지역사회에 들어가서 천막을 치고 동네 사람들을 불러 모아 진료하지 않고, 바가노르의 대표적인 병원에 들어가서 몽골 의사들과 같이 진료했다. 몽골 의사들이 몽골 사람들을 도울 수 있는 힘을 길러 주는 일이었다. 이것이야말로 아주 바람직한 단기 선교 전략이라고 생각되었다.

몽골인 T는 바가노르병원의 재활의학과 의사다. 병원에서 근무한 지 9년이 되었지만, 정식으로 재활의학 수련을 받은 것이 아니었다. 그래서 통증 주사 놓는 법을 잘 알지 못했다.

많은 환자들이 몰려왔지만 환자 진료보다는 닥터 T에게 통증을 진단하고 주사로 치료하는 법을 가르치는 데 우선순위를 두었다. 최대한 설명을 하고 직접 주사를 놓도록 옆에서 지도해 주었다. 단 며칠 동안의 수고에 대해 진심으로 고마워하던 모습이 오랫동안 기억에 남을 것이다.

3. 몽골 팀원들, 예빈이와의 만남

약간은 극성스럽지만 열정적인 몽골 팀원들과의 만남이 즐거웠다. 의대생과 전공의 시절에 연세대학교 의치간 모임에서 매년 여름과 겨울에 국내 시골로 진료 봉사를 다녔던 열정과 기쁨을 다시 느끼는 시간이었다.

그리고 한 집에 사는 고등학생 딸 예빈이와 함께 7박 8일을 지내는 것은 또 다른 경험이었다. 다른 집보다는 아빠와 딸의 관계가 친밀한 편이지만, 대한민국 고등학생들이 겪는 스트레스, 시간 부족, 가족 간의 대화 부족은 우리 집도 마찬가지였다.

7박 8일 동안 예빈이와 같이 진료 봉사로 고생하고, 푸른 초원에서 사진을 찍고, 밤하늘의 은하수와 별똥별을 보고, 말을 타고 초원을 달린 경험은 두고두고 잊지 못할 추억으로 기억될 것이다. 청소년기에 한국누가회 단기 선교를 다녀오면, '한국누가회 멤버'가 되고 싶은 소망이 생기나 보다. 우리 예빈이도 그렇다.

4. 몽골에 다녀와서 생긴 고민

요즘 중년 이후의 삶을 어떻게 살아야 할지 고민이다. 하나님은 내가 남은 인생 동안 어떤 가치 있는 일을 하며 살기 원하실까? 짧은 7박 8일 동안 많은 선교사님들을 만나게 된 다른 이유가 있을까?

몽골의 척수 장애인들의 삶이 안타까움으로 다가온다. 척추 수술만 받고 재활치료는 꿈도 못 꾸고 10일 만에 마비된 몸을 이끌고 퇴원하는 환자들…. 휠체어를 타는 기본적인 교육조차 받지 못하고 평생을 마비된 몸으로 살아야 하는 몽골의 척수 장애인들에게 어떤 도움을 줄 수 있을까?

네팔 단기 선교 소감문(시므온 선교사)

하나님이 하셨습니다

광주 복음기도 의료 팀

2015년 4월 25일 정오가 가까운 시각. 네팔의 교회들이 토요일 대예배를 드리는 시간이었다. 그날 새로 알게 된 L시 M교회에서 '하나님의 관심'에 대해 나누고 있었다. 성부 하나님, 성자 예수님, 성령 하나님이 함께 표방하신 '모든 민족에게로 복음 전파', 즉 선교에 대해 전했다. 그런데 사회자가 감사의 말을 전하는 시간에 주체할 수 없는 흔들림이 시작되었다. 너무 놀라서 이전에 습득했던 지진 발생시 대피 요령은 떠오르지도 않았다. 네팔 성도들의 큰 외침기도가 계속되었다. 진동이 잠잠해진 후에야 교회 밖으로 나와 주위를 둘러볼 수 있었다. 그렇게 주님은 네팔의 문을 열방 가운데 열어젖히셨다.

그때까지만 해도 너무 놀라서 정신이 하나도 없었다. 하나님께서 무엇을 계획하셨는지 잘 알지 못했다. 그러나 곧 명확히 깨닫게 되었다. 하나님은 전 세계 교회에 "와서 네팔을 도우라!"는 강력한 뜻을 전달하신 것이었다.

대지진 이후로 우리 가정의 상황은 급박하게 돌아갔다. 네팔 사람들과 함께 실외에서 텐트 생활을 하게 되었다. 크고 작은 여진으로 잠을 이루지 못하는 날들이 지속되었다. 그러면서 현지 이웃들과 같은 대피민이라는 유대감이 생겨나기 시작했다. 히브리 민족이 홍해를 건너 광야에서 천막생활을 한 것처럼, 지진 때문에 네팔에서 하게 된 텐트 생활은 비좁아 불편하고 소란스러웠다.

그렇게 불면의 나날을 보내던 중 우리 공동체에서 의료 구호 팀이 추진되어 네팔로 온다는 소식을 들었다. 의료 팀을 받아 본 적이 없어서 적잖이 걱정되었다. 그러다가 한국 의료봉사 팀의 통역 자원봉사자를 모집한다는 광고를 보고 주저 없이 신청했다. 단순히 통역만 하면 될 줄 알았다. 그런데 내가 맡은 역할은 봉사 전체를 주관하는 코디네이터였다! 그 팀을 도와줄 코디네이터가 없는 고로 부득이하게 내가 그 일까지 떠맡게 된 것이다. 일주일 일정의 의료 봉사 팀이었는데 장소 섭외부터 통역, 행정 등 모든 것을 관리해야 했다. 한 번도 경험하지 못했던 의료 팀에서 벌어지는 모든 것을 단시간 내에 봉사하며 습득하게 되었다.

우리 공동체의 의료 구호 팀이 오는 날짜가 가까이 왔다. 한국에서는 네팔에 신급 의료 구호 팀을 보낼 시기가 지났는데 의료 팀이 꼭 가야 하는지에 대한 의문이 제기되었다고 한다. 그러나 네팔의 상황에서는 굳이 지진이 아니더라도 환자가 넘쳐나고 게다가 지진으로 패닉 상태에 빠진 이들에게 의료 팀이 필요하다고 판단되었다. 결국 의료 팀이 오는 것으로 최종 결정이 났다.

드디어 5월 11일, 단기 여행자 두 명이 다녀갔을 뿐인 네팔에 실제로 구호 팀이 오는 놀라운 일이 벌어졌다. 그런데 더 놀라운 일이 벌어졌다. 의료 구호 팀이 가져온 의약품이 공항에 압류된 것이다. 우리 팀 이전에 들어온 의료 팀들은 네팔 정부의 허락 없이 자유롭게 의약품을 반입할 수 있었다. 그런데 5월 5일을 기준으로 네팔 내각은 외국 의료진의 활동을 제한해 버렸다. 네팔에서 구호활동을 총괄하는 어부회(선교사연합회)도 구호 사역에 바빠서 놓친 소식이었다. 어부회가 우리 팀의 상황을 알고는 의료 팀이 막 들어오지 못하도록 공고를 냈다. 우리 팀을 돕기 위해 동원된 3명의 네팔 사역자들이 의료 활동을 할 수 있도록 의약품을 되찾으려고 노력했지만 헛수고였다. 그래서 우리 팀은 원래 계획했던 의료 중심의 구호활동을 포기하고 가능한 봉사 활동을 찾기 시작했다. 그래서 복음 전파와 중보 기도를 중심으로 접촉 구호를 하게 되었다.

우리 팀은 내과, 외과, 치과의사로 구성된 건강검진 팀, 러브터치 팀, 방역 팀, 접수 팀, 중보기도 팀, 이미용 팀으로 구성되었다. 외국인 의사의 진료 행위가 금지되고 의약품이 없어서 궁여지책으로 탄생하게 된 것이 건강검진 팀이다. 의사로서 할 수 있는 일은, 현지에서 급하게 구입한 연고를 발라 주는 것이 전부였다. 우리나라도 예전에는 아픈 곳에 된장을 바르는 것이 만병통치약의 대명사였다. 마치 그때로 돌아간 것처럼 세 명의 전문의에게 웃지 못할 상황이 발생한 것이다.

그런 상황에 구호 팀 의료진 외의 다른 팀들이 힘을 발휘하게 되었다. 발과 손 등을 터치하면 의사 이상으로(?) 전문적인 병의 진단이 나왔다. 그뿐만이 아니었다. 심지어 사람의 성격과 성향, 걸음걸이, 인간관계 등에 대한 전인적인 진단까지 했다. 그런데 그 진단이 돌팔이 수준이 아니라 대부분 맞아떨어졌다. 그래서 이 팀을 '돗자리 팀'이라고 명명했다. 돗자리 팀의 접촉 시술은 환자의 삶과 일치하므로 권위가 생겨났고 이렇게 자연스럽게 생긴 권위가 복음의 통로가 되었다.

'예수 천당! 불신 지옥!' 한국사회에서는 이 전도 구호가 다원화된 세상에 부담스러워 폐기된 지 오래다. 심지어 한국교회도 이 구호를 사용하면 지혜롭지 못하다고 비판받는 실정이다. 그러나 네팔에서 진료할 수 없고 의약품도 처방할 수 없는 이상한 의료 팀에게는 이 구호가 최상의 처방이었다. 우리 봉사 캠프를 찾아온 네팔 환자들이 권위 있는 이 처방을 받고 성령께서 사역하시는 '중보기도방'에 블랙홀처럼 빨려 들어갔다. 인간의 깊은 영혼을 터치하는 불같은 기도가 있었다. 네팔에서 찌든 삶과 대지진의 충격으로 전인적으로 병든 영혼들이 뜨거운 기도에 녹기 시작했다.

육체의 오랜 실병이 치유되는 역사가 일어났다. 귀가 잘 안 들리던 사람이 듣게 되고, 눈이 침침하던 사람이 밝히 보게 되었다. 약으로는 고

처지지 않던 병이 성령의 역사를 통해 치유된 것이다. 또한 지역교회 목사님에게 심방을 요청하며 교회에 출석하겠다는 영혼들이 생겼다. 우리는 이 일들을 보면서 '하나님이 하셨습니다!'라고 고백하지 않을 수 없었다.

지진이 인간의 눈에는 재앙처럼 보였지만 네팔 영혼들을 만지고 회복하시는 하늘의 위로요 평강이었음을 깨닫게 된다. 네팔 땅에 하나님의 눈동자가 있다. 하나님이 이렇게 네팔에서 일하고 계신다. 하나님의 눈물을 가진 자들의 순종을 통해서 말이다.

사역을 마치고 평가회의에서 그들은 우리 팀에 이렇게 요청했다.

"네팔 대지진을 기억하며 1년 후에 이곳에 다시 봉사하러 오시면 좋겠습니다. 이번에 봉사하셨던 모습 그대로 오시길 바랍니다. 의약품은 절대로 가져오지 마십시오. 하나님께서 우리에게 의약품을 봉사의 무기로 주시지 않았습니다. 우리에게 주신 지팡이는 복음과 기도, 그리고 영혼과 전인적으로 접촉하고 연합하는 헌신입니다."

D국 단기 의료선교 소감문(의료인)

D국 의료선교를 다녀오면서

간호사 태희(D대학교병원)

나를 움직이게 하는 마음

"태희야, 바람 쐬러 가자." 어느 날 선배 약사님의 권유로 가게 된 두 차례의 D국 단기 의료선교. 선교를 갈 때면 늘 가슴이 설레고 기다려진다. 하나님에 대한 갈급함과 사랑의 마음은 늘 그렇게 나를 움직인다. 이전에 K 선생님은 북한에 대해 종종 이야기를 하셨다. 필리핀과 캄보디아로 의료선교를 함께 다녀온 분이다. 그분은 열정적으로 북한에 대해 말씀하셨지만 내게 북한의 이미지는 위험한 지역이고 별로 관심이 없는 생소한 곳이었다. 주변의 좋은 분들을 통해 만나게 되는 북한의 모습은 어떻게 다가올까?

첫날 마주하게 된 강 건너 북한에는 어두움이 깔려 있었다. 날씨가 추워서 그런지 내 가슴마저 냉랭해지는 것 같았다. 그때의 차가운 느낌이 지금도 생생하다. 중국과 북한 사이에 놓인 압록강 다리를 두고 양국가가 사뭇 다른 모습이었다. D국 첫 방문 때는 북한 주민이 근무하는 공장에 들어가지 못했다. 그저 공장에 들어간 우리 의료 팀을 위해 중보기도를 했다. 하나님의 사랑이 우리 팀원들을 통해 북한 주민들에게 전해지도록, 그들의 영이 살아나도록, 그들의 몸과 마음과 영이 치유되도록 간절히 기도했다.

D국 첫 방문 이후로 내 마음과 영이 일주일간 아팠다. 북한 접경지에서 북한 주민을 만나지는 못했지만, 저 멀리서 하나님과 단절된 그들의 고통소리와 절규가 내 영혼에 전해지는 듯했다. 메마른 그 땅의 차가움과 냉랭함이 가슴에 닿아 무척 시렸다. 그래서 나 자신과 주변 사람들은 더욱 간절히 기도했다. 그 땅에 하나님의 말씀이 다시 선포되고 하나님이 창조한 온 만물이 아버지께 엎드리며 예배하는 그날이 속히 오도록! 북한을 품은 긍휼한 마음이 더욱 커졌고, 더불어 나의 상한 마음과 영혼이 회복되었다. 이렇게 2015년 겨울, 나의 첫 번째 D국 의료선교의 모습을 추억한다. 그 땅의 회복을 위해 많은 기도와 눈물이 필요함을 느꼈다.

이번에는 누구의 권유도 아닌 내가

북한의 회복을 향한 기도는 계속되었다. 북한 관련 TV 프로그램을 찾아보고 탈북자들의 다양한 간증도 관심을 갖고 듣게 되었다. 통일을 준비하는 사람이 되기로 했다. 이후 북한의료지원 단체에서 추진하는 세미나와 후원, 계속적인 진료 봉사에 관심을 갖게 되었다.

이듬해 8월에 간 두 번째 D국 의료선교. 이번에는 주변에서 누가 권유하지 않고 내가 결정한 길이었다. 그 땅을 다시 가 보고 싶었다. 그 땅을 다시 밟고 싶었다. 이번에는 D국 북한 근로자들을 진료할 수 있는 기회가 생겨서 공장 방문 팀에 합류하게 되었다. 두려움 반 기대 반으로 갔다. '북한 주민들은 어떤 모습일까?' 지금까지 마음속으로 품어 왔던 만큼 실제 만남에 대한 궁금증은 더 커져 갔다.

공장 강당에 들어서자 김일성과 김정일 부자 사진과 한쪽 벽에 쓰인 붉은 글자가 눈에 들어왔다. '아, 여기가 진짜 북한이구나!' 하는 생각이 들었다. 빨간색 티셔츠에 검정색 바지 차림의 북한 근로자들은 체구는 작았지만 영락없는 '한국 사람'이었다. 중국인 건물에서 났던 특유의 냄새도 없었다. 한국인 냄새였다. 우리는 같은 민족이었다.

<u>간호사 인생에서 최고로 빛나는 순간</u>

내가 맡은 업무는 심전도, 간 기능 피검사, 문진, 주사 등이었다. 문진을 하면서 그들과 이야기를 나누었다. 주요 호소 증상(chief complaint)과 어떤 질병을 앓았는지 등을 물었는데, 서울말과 북한말이 달라서 못 알아듣는 단어도 있었고, 마음이 아픈 사연들도 많았다. 심전도 검사를 하려면 상의를 벗어야 하는데, 한 남성은 가슴과 복부를 중심으로 정체를 알 수 없는 동그란 자국의 흉터가 무수히 관찰되었다. 또 다른 젊은 남

성은 복부 배꼽 밑으로 수술자국이 짙게 남아 있었다. 이 흔적들을 보고 마음이 많이 아팠다. 특히 10대 후반에서 20대 중반까지의 여성 근로자들은 과중한 업무로 인해 고충이 많았다. 내가 당장 해줄 수 있는 것은 없었지만, 이야기를 나누며 그들을 위해 계속 기도할 뿐이었다. 최대한 친절하게, 최고의 미소로 그들을 환대하고 싶었다.

나 스스로 남한의 기독교인 대표가 되어 그들을 만난 듯했다. 그래서 그들과 접촉하는 매 순간 진심으로 사랑하며 최선을 다했다. 간호학과를 졸업하고 나서 지금까지 병원에서의 10여 년의 시간들…. 지금 이 순간을 위해서 모든 어려움과 포기하고 싶은 마음을 인내한 것 같았다. 바로 이들을 만나기 위해서 말이다! 하나님은 지금 이 시간을 위해 졸업 후 내 인생을 인도하셨던 것일까? 내 간호사 인생에서 최고로 빛나는 순간이었다. 세상 그 누구도 부럽지 않았다. 아무도 눈치 채지 못했으리라!

내과 의사 선생님 세 분, 치과 선생님 내외분, 함께 초진을 했던 간호학과 교수님 그리고 약사님과 함께 하루 종일 진료를 했다. 아버지의 성품으로 진료하시는 내과 의사 선생님, 처음부터 마치는 시간까지 땀을 흠뻑 적시며 서서 진료하시는 치과 선생님 내외분, 자세하고 꼼꼼히 설명하시는 약사님, 주변을 유쾌하게 만드는 화통한 성품의 간호학과 교수님과 북한 근로자들과의 만남. 이 모든 만남은 결코 우연이 아니라고 생각한다. 간호사가 되어 어려운 시간을 지나오고, D국을 가게 하시고,

지금까지 인도하신 것처럼 말이다.

점심식사 후 모든 진료가 끝나고 헤어질 시간이 되었다. 가져왔던 짐을 모두 정리하고 빠진 물품은 없는지 둘러보았다. 꼼꼼히 짐을 정리하며 내 마음을 두고 온 곳에 다시 가 보았다. 양 옆에 놓인 2층 침대의 매트리스에 지푸라기가 튀어 나와 있었다. 그곳에는 선풍기도 없었고, 해가 밝게 들어오는 창문에는 뜨거운 햇살을 가려 줄 커튼도 없었다. '밤에 잘 때 땀이 흡수가 안 될 텐데…' 하며 침대를 물끄러미 바라보았다. 그들이 생활하는 공간을 두 눈과 마음에 담았다. 북한 공장 리더들과 우리 팀 의료진들이 아쉬움이 가득 담긴 작별 인사를 했다. 서로 부둥켜안고 눈을 마주치며 "우리 다시 만나요" 하고 약속했다. 언젠가는 꼭 다시 만나리라 기대하면서.

그날 저녁식사 후 우리 의료 팀은 서로 느낀 점을 나눴다. 내 차례가 되었다. 순간 나도 모르게 이런 말이 나왔다. "엄마 앞에서는 속옷을 벗어도 창피하지 않아요. 엄마 앞에서 상처도 보여 주고…" 미국인들이 간호사에 대해 갖고 있는 이미지 1순위가 'mother'라는 것을 들은 적이 있다. 나도 진정한 간호사가 된 것인가? 10여 년의 시간을 보내면서 나는 병원에서 일하는 사람이 아닌 간호사, 즉 mother가 된 것일까? 감사한 마음뿐이었다.

하나님은 우리 의료 팀 각자의 '성품'을 통해 '당신'의 모습을 비추기 원하셨다. 토기장이이신 하나님은 각 사람을 빚으신 대로 우리를 사용하셨다. 남북한의 통일은 '남한의 거룩성'에 달려 있다는 한 권사님의 말이 떠올랐다. 복음을 전할 수 없는 땅에 우리가 거룩하게 서 있을 때 하나님이 당신의 모습을 비추실 수 있다는 사실을 깨달았다. 우리의 모습이 곧 복음이었다.

진료하는 일상 속에서 드린 예배

두 번의 D국 방문을 마치고 일상으로 돌아왔다. 하지만 나의 마음속에는 마지막으로 담은 D국의 풍경이 생생하게 남아 있다. 그리고 어느 순간 '아!' 하고 탄식하며 깨달은 것이 있다. 우리의 의료 봉사가 바로 예배라는 사실을 말이다. 우리가 늘 해왔던 진료의 과정 속에서 하나님의 임재를 경험하고, 모든 피조물이 주권자에게 경배하는 것. 진료하는 일상 속에서 하나님을 경배한 그 진정한 예배를 하나님은 분명 기쁘게 받으셨으리라.

공항에서 나는 이번 선교의 테마가 '아버지의 귀환'과 같다고 이야기했다. D국 공장에서 만난 그들은 우리를 만나 기뻐했지만, 그들의 영혼 깊은 심연에서는 근본이신 아버지 하나님의 사랑을 간절히 원했던 것이었다고. 내 영혼의 깊은 곳에서부터 기쁨과 감사가 충만했다.

B국 단기 의료선교 소감문(현지인 반응)

하나님의 마음

간호사 A(○○병원)

편집자 주 : A는 사랑의 집(고아원)에서 자라 간호학교를 졸업하고, 2013년 8월부터 ○○병원에서 간호사로 일하고 있다.

먼저 이 글을 쓰게 하신 하나님 아버지께 감사를 드립니다. 저는 B국에 있는 ○○병원에서 간호사로 일하고 있습니다. B국의 많은 사람들이 어렵게 살아갑니다. 경제적으로 어려워서 의료 혜택을 제대로 받지 못하는 사람도 있습니다.

하나님께서 이곳에 동명교회 의료 봉사 팀을 보내 주셔서 많은 사람들에게 은혜를 베푸셨습니다. 의료 봉사 팀(내과, 외과, 소아과, 안과 등)의 치료와 섬김을 통해서 하나님의 사랑이 많은 사람들에게 흘러가는 것을 보았습니다. 하나님의 마음을 가지고 겸손과 사랑과 인내로 어려운 사람들을 치료해 주었습니다.

의료 봉사 팀원들이 자신의 귀한 시간과 물질을 드려 B국으로 온 것을 알고 있습니다. 성육신하신 예수님처럼 자기 것을 버리고 가난하고 어려운 사람들에게로 와서 섬겨 주었습니다. 여러분으로 인해 많은 사람들이 위로를 받고 희망을 갖게 되었습니다.

개인적으로도 하나님께 감사한 부분이 있습니다. 의료 봉사 팀 옆에서 섬기면서 많은 은혜와 도전을 받았습니다. 인내와 성실함으로 어려운 사람들을 섬기는 모습을 보고 큰 도전을 받았습니다. 사랑과 인내로 이곳의 많은 사람들을 섬긴 것처럼 저에게도 우리나라 국민을 섬기고자 하는 마음을 주셨습니다.

예수님께서 이 땅에 오셔서 가난하고 병든 자들을 사랑으로 섬기신 것처럼, 저도 이제는 자신을 위한 삶이 아니라 다른 사람들을 섬기며 살려고 합니다.

M국 단기 의료선교 소감문(현지인 반응)

다음 번에도 꼭 오시길

전도사 D(P교회)

편집자 주 : 2013년 2월, 광주시니어선교회 의료 팀이 M국을 방문했다. M국 내지선교회에 속한 교회 세 군데를 방문하여 예수님의 사랑을 실천하며 하나님의 사랑과 영광을 드러냈다.

안녕하세요. 제 이름은 D입니다. Y시 M구 P마을의 P교회(내지선교회 소속)에서 시무하고 있습니다. 2년 전에 광주시니어선교회 의료 팀이 우리 교회에 와서 의료 봉사로 섬겨 주어 하나님께 감사와 찬송을 드렸습니다. 내지선교회에서 이곳에 교회를 세우고, 저를 파송하여 복음을 전하게 할 무렵, 이곳에는 기독교인이 한 명도 없었습니다. 모든 사람이 저를 '기독교로 개종시키기 위해 온 종교꾼'이라 손가락질하며 째려보았습니다. 아무도 저를 불러 주지 않았고, 심지어 말도 붙이지 않았습니다. 예배를 드리거나 성경공부를 하고 있으면 교회에 돌을 던지곤 했습니다. 저는 눈물을 흘리면서 하나님께 기도했습니다.

지금은 우리 교회가 핍박에서 벗어나 자유롭게 하나님을 예배드리는 곳이 되었습니다. 광주시니어선교회 의료 팀이 사역하러 왔을 때 주변의 많은 사람들이 와서 무료로 진료를 받았습니다. 의료 팀이 예수님의 사랑으로 섬기며, 기도해 주고 약을 처방해 줘서 주민들의 질병이 치료되었습니다. 구충제, 피부질환 연고제의 효과가 좋아서 의료 팀이 떠난 후에도 제게 와서 이런 약들을 달라고 했습니다.

의료 팀의 사역으로 큰 혜택을 받은 그들은 이제 저를 반갑게 부르며 함께 교제하고 싶어 합니다. 저는 주변 마을에서 존경받는 사람이 되었습니다. 지금도 의료 팀이 언제 오는지 물어보는 사람들이 있습니다. 마을 사람들은 의료 팀을 간절히 원하지만, 마을을 책임지는 동장이나 반장은 환영하지 않습니다. 의료 팀을 기다리는 사람들 중에는 나이든 분들이 많습니다. 무릎 통증으로 고생하던 분들이 많이 치료되었습니다. 하나님께서 길을 열어 주셔서 다음 번에도 꼭 오시길 기대하고 있습니다. 광주시니어선교회를 통해 하나님께서 영광받으심을 믿습니다. 저희 교회를 방문하여 섬겨 주신 점 다시 한번 감사드립니다.

M국 단기 의료선교 소감문(현지인 반응)

하나님의 은혜를 찬양합니다

전도사 S(J1교회)

편집자 주 : 2013년 2월, 광주시니어선교회 의료 팀이 M국을 방문했다. M국 내지선교회에 속한 교회 세 군데를 방문하여 예수님의 사랑을 실천하며 하나님의 사랑과 영광을 드러냈다.

먼저 하나님의 은혜를 찬양합니다. 저는 내지선교회 소속 SJ1 교회에서 사역하는 S전도사입니다. 제가 사역하는 지역은 주변 환경이 너무 더럽고 지저분하여 온갖 질병이 서식하는 곳입니다. 우리 교회는 그동안 많은 핍박과 어려움을 겪어 왔습니다. 4년 동안 우리 교회를 핍박하고 돌을 던지는 사람이 있었는데, 지금은 하나님의 은혜로 든든히 서 가고 있습니다. 하나님께서 이곳에 주님의 영광을 드러내시고자 한국에서 시니어 의료선교 팀을 보내 주셨습니다.

의료선교 팀이 와서 많은 사람들을 치료해 주었습니다. 우 투엣은 위장 치료를 받았습니다. 도 옹마땅은 얼굴, 팔, 다리 등 전신이 퉁퉁 부어 있었는데, 치료를 받고 나왔습니다. 열두 살인 와인 캉 모는 심장병 치료를 받았습니다. 심장병 치료를 받은 사람 중에 쪼린이 있습니다. 그는 4년 동안 우리 교회를 핍박하고, 돌멩이를 수시로 던지는 사람이었습니다. 하지만 지금은 하나님의 은혜로 우리 교회에서 예배를 드리며 찬양을 합니다.

　의료선교 팀이 진료를 하고 의약품을 처방해 주면서 예수님의 이름으로 간절히 기도해 줘서 하나님 아버지께서 일하시고 영광 받으심을 감사합니다. 우리 J1 교회에 하나님의 살아 계심을 보여 주셔서 감사합니다.

M국 단기 선교 소감문(현지인 반응)

기도하며 기대합니다

전도사 L(D1교회)

편집자 주 : 2013년 2월, 광주시니어선교회 의료 팀이 M국을 방문했다. M국 내지선교회에 속한 교회 세 군데를 방문하여 예수님의 사랑을 실천하며 하나님의 사랑과 영광을 드러냈다.

안녕하세요. 저는 D1 교회에서 사역하고 있는 L 전도사입니다. 2년 전에 우리 교회에 와서 의료 사역을 해주셔서 하나님의 은혜를 경험했습니다.

진료를 받고 교인들과 동네 주민들의 병이 나았습니다. 무릎 통증을 비롯한 질병들을 사랑으로 진료해 주셔서 많이 좋아졌습니다. 그리고 영양제, 피부질환 연고도 처방해 주고 양치질을 통한 치아 관리도 알려주었습니다. 의료 봉사로 섬겨 주신 많은 분들에게 감사드립니다. 다음에도 이곳을 방문해 주시기를 간절히 기도하며 기대하고 있겠습니다.

마다가스카르 단기 선교 소감문(현지인 반응)

언제 이곳에 오실 건가요?

산모의 어머니

우리 딸이 안전하게 분만하려고 이곳에 2개월 동안 있었습니다. 그런데 산파들이 정상 분만을 할 수 없다고 하여 너무 실망했습니다. 이것은 제왕절개를 해야 한다는 의미였습니다. 그런데 우리 딸을 수술해 줄 수 있는 외국인 의사를 보자 희망이 생겼습니다. 우리 딸과 손자가 안전할 거라는 생각이 들었습니다. 하나님께 너무 감사했습니다. 마하장가에 있는 큰 병원까지 안 가도 된다고 생각하니 너무 기뻤습니다.

지난 밤 12시 30분에 손자의 울음소리를 들었을 때 너무 행복했습니다. 소아랄라를 생각해 주셔서 고맙습니다. 개인적으로 의사 선생님과 선생님이 속한 단체에 감사드립니다. 선생님이 베살람피 더 깊은 지역까지, 의료가 필요한 곳이라면 어디든 와서 사역해 주면 좋겠습니다. 우리는 선생님이 필요합니다. 언제 또 소아랄라로 오실 건가요?

부록
교회연합 의료선교세미나 및
단기 의료선교 포럼 자료

2014년부터 서울 지역에서는 영락교회를 중심으로 "교회연합 의료선교세미나"를 진행해 왔다. 전남 광주 지역에서는 "단기 의료선교 포럼"을 진행해 왔다. 그 자료를 여기에 일부 실어 놓았다.

제1차 교회연합 의료선교세미나를 맞이하여

130년 전, 암흑과 같았던 조선 땅에 알렌을 시작으로 서양의 의료선교사들이 들어와 헌신적으로 의료활동을 펼치며 의학교육기관을 설립하여 잘 훈련된 의료인을 많이 배출시켰습니다. 그 결과, 오늘날 다수의 의료인들이 해외에 의료선교사로 파송되어 선교지 일선에서 선교의 문을 여는 귀한 역할을 잘 감당해 오고 있습니다.

한국기독교의료선교협회를 중심으로 격년마다 의료선교대회를 개최하고 있는데, 그동안 선교단체, 대학생(의료인) 및 수련의를 대상으로 대회가 구성되고 진행되지 않았나 생각합니다. 그래서 개교회가 중심이 되어 의료선교부(가칭, 교회마다 부서 이름이 다를 수 있음)의 사역을 함께 나누며 미래의 나아갈 방향에 대해 토론을 벌일 세미나를 갈망하고 있었습니다. 그러던 중 이번 영락교회 선교대회 때 의료선교부의 구상에 대한 질문을 받고는 오래전에 소망했던 꿈을 다시 떠올리며 이번 대회를 추진하게 되었습니다.

저는 2003년에 안식년을 맞이하여 미국 로스앤젤레스 패서디나에 위치한 풀러신학교에서 상담 과정을 공부했습니다. 그즈음 그 지역에 위치한 6개의 한인교회에서 풀러신학교 세미나실을 빌려 '가정 사역'을 주제로 세미나를 개최했습니다. 그 대회에 참석한 저는 여러 교회가 연합하여 자신들의 사역을 발표하며 서로 격려하고 권면하는 모습에 신선한 충격을 받았습니다. 나중에 귀국하여 기회가 된다면 여러 교회가 서로 연합하는 세미나를 개최하고 싶다는 꿈을 꾸었는데, 이제 그 꿈이 이루어지게 되었습니다. 먼저 주님께 감사드리며, 초청에 응해 주신 여러 교회의 의료선교부 대표에게도 감사를 전합니다.

이제 복음으로 통일을 맞이하기 위해 준비하는 우리 그리스도인들에게 교회 간의 연합이 무엇보다 필요하며, 그동안 활발히 전개되어 온 개교회 중심의 독립적 의료 사역에서 더 큰 사명을 감당하기 위한 교회와 교회 간, 교회와 일반 선교단체와의 연합을 이룸으로써 우리나라 기독교계의 좋은 모델이 되기를 소망합니다.

영락교회 의료선교봉사회 회장

이명춘

남서울교회・의료선교위원회 서영태

20년 간의 시행 착오를 통해 다져진 남서울 의료선교의 모습

의료 선교의 목표

1. 복음 제시와 함께 이뤄지는 선교

1) 전도 팀 구성

- 전도폭발훈련을 받은 전도자로 구성

- 일대일 복음 제시

- 전도폭발훈련 교재 사용(중국어, 몽골어, 베트남어, 방글라데시어, 영어, 캄보디아어 교재 구비)

2) 국내 선교의 경우

- 접수

- 진료

- 전도(진료 후 약국에 처방전을 내고 기다리는 동안 전도함. 이때 봉사 팀의 안내가 중요함. 진료 환자의 70퍼센트에게 복음 제시)

3) 해외 선교의 경우
- 영어권의 경우에는 복음 제시가 어느 정도 이루어짐
- 복음 제시가 불가능한 곳은 문화 사역으로 대체

2. 온 세대, 온 가족, 초신자도 함께하는 선교

1) 초등생, 중고등생, 청년, 중장년
2) 다양한 구성 : 부부, 부자, 부녀, 모녀, 남매, 스승과 제자, 선후배 의료인

3. 현지 교회, 현지 선교사에게 힘을 실어 주는 선교

1) 국내 선교(30-40명으로 구성)
- 내과, 외과, 정형외과, 산부인과, 이비인후과, 안과, 피부과, 초음파 검사, 임상병리 검사 진행

2) 해외 선교(50-60명으로 구성, 현지 스태프까지 포함하면 80여 명)
- 의료 진료 팀[내과, 산부인과, 소아과, 이비인후과, 안과, 피부과, 정형외과, 산부인과 진료 / 임상병리, 초음파 검사 / 외과 수술(국소 마취 수술, 전신 마취 수술)]
- 문화 사역, 치위생 교육 팀

- 봉사, 화물 팀
- 심초음파 검사로 심장기형 환아를 선발하여 국내에서 수술하도록 연계함(선의재단, 아산복지재단 협조)
- 3일간 진료 : 2-3천 명
- 한 사역지를 2-3회 연속으로 진행
- 대규모 인력으로 다양한 진료 및 양질의 진료 제공 → 현지 선교사의 영향력 증가 기대
- 캄보디아 : 현지 복음화율이 70퍼센트가 넘는 마을이 생김, 캄보디아 국왕에게 훈장을 받음
- 필리핀 : 주지사가 선교사에게 땅을 무상으로 제공하여 예배당 건축

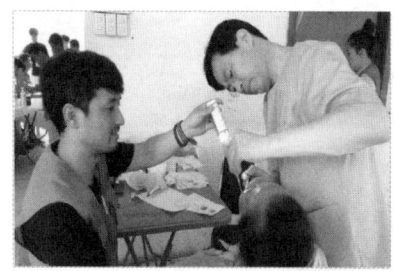

명성교회 • 의료선교회 김효준

의료선교의 나아갈 방향

아웃리치 팀

팀명	봉사지	장소	대상 인원	봉사 주기	진료 과목
아가페	소망교도소	여주군	300여 명 재소자	월 1회	한방, 치과
실로암	노숙인	을지로입구역, 시청역	수백 명	월 2회 심야	각과
엔젤	쪽방촌	용산구 동자동	천여 명	월 1회	각과
갈릴리	외국인 근로자	본교회 마펫홀	수십 명	월 1회	5개 과
디아스포라	외국인 근로자	본교회 출석 외국인	450여 명	매주	각과

의료선교의 나아갈 방향

   1) 아웃리치 팀 - 새로운 팀 창설 지속

            - 사역지 확보 + 의료선교 활성화 + 의료인 신앙 성장

   2) 디아스포라 진료 센터 운영

   3) 해외 의료 봉사 활성화

   4) 연합 봉사 확대

- 이미용, 장수 사진, 네일아트, 상담 사역 등

5) MCM 장·단기 선교사 후보자 발굴 및 양성, 파송

6) 헌신자 발굴

- 의료 선교 : 성령의 역사와 부르심을 받은 사람

- 의료 봉사, 의료 선교 동참 유도, 잠에서 깨어나기(달란트 확인, 소명의식, 미래지향적 삶)

- 충성된 일꾼, 자기 십자가를 지는 헌신자

7) 의료선교 복음적 선교적 의미, 역사, 현실 등 이해

- 기도, 믿음, 성령 충만 / 하나님의 역사

- 지향하는 목표 설정, 목표 공유

8) 연합 사역 지향

- 의료인 + 이미용 + 물리 치료 및 마사지 + 어린이 사역 + 태권도 + 상담 사역 + 전도 팀 + 찬양 팀

- 다양한 사역 모델 개발

9) 법률적 문제 해결

- 국내 : 보건소 신고 / 해외 : 가능한 신고

10) 외국인 근로자, 다문화 가족

- 미래의 현지 선교사

- 다각적인 접근 방법이 필요한 시점

- 의료적 접근 + 사랑으로 필요 충족

11) 해외 단기 의료선교

　　- 장소 선정 : 선택과 집중

　　- 의료 + 연합 사역

　　- 자녀 등 가족 참여

12) 네트워크 시대

　　- 카톡 등으로 끊임없이 소통하고 공동의 문제 제기 및 토론, 정보 공유(멤버들 간의 소통 / 수평적 소통, 수직적 소통 / 대외적 다양한 그룹 간의 대화와 소통)

　　- 의료 선교 : 다른 단체와 협력 사역(지역 정보, 의료기 공유, 인력 협력, 현지 의료진과 공동 사역)

디아스포라 진료

1) 외국인 근로자 예배부(재적 450여 명, 매주 150-200여 명 출석)

2) 매주 의무실에서 진료

3) 매년 1회 외부 기관과 연합으로 정기 검진

　　- 혈액 검사, 흉부 촬영, 소변 검사, 에이즈 검사, 자궁경부암 검사, 초음파 검진

　　- 보건의료재단, 결핵협회, 구청 보건소 등 협력

4) 초음파 검진(갑상성, 복부, 산부인과 등. 필요시 혹은 수개월 상시)

새문안교회 • 의료선교회 김종관

단기 의료선교의 향후 전략

1. 현재 활동

  1) 국내 의료선교

  - 태국, 네팔, 중국, 몽골, 베트남에서 온 외국인 근로자 진료

  - 교인 의료 상담

  - 국내 이동 진료(동두천, 양주, 의정부)

  - 농촌 무료 진료(7월에 청년부와 연합하여 사역)

  2) 해외 의료선교

  - 매년 2-3회, 동남아, 아프리카 지역

2. 2015년 해외 의료선교

  1) 태국(2월 19-23일)

  - 미얀마 국경 지역, 산족 마을, 메쑤어이 센터

- 내과, 산부인과 초음파 진료

2) 몽골(취소됨)

3) 코트디부아르(9월 22-29일)

- 아비장 인근 지역 : 아디아께

- 지방 교회 : 앙데, 아벵그로(200킬로미터)

- 치과 진료 중심

- 수술 팀 : 베데스다병원, 탈장 수술 12명

3. 새문안교회 의료 팀의 장단점

1) 장점

- 베트남, 태국, 네팔, 몽골, 중국 등의 이주 노동자를 10년 이상 섬김

- 이동 진료로 다른 지역의 이주 노동자 진료 가능(동두천, 양주, 의정부)

- 월 2회 진료

2) 단점

- 의료진 순환 봉사의 어려움

- 신입 회원의 부족(젊은 의료선교부원이 줄고 있음)

4. 표준화

1) 선교지 선정 : 기준, 시기

2) 준비 모임 : 의약품 구입 및 후원, 매뉴얼 작성

3) 세관 통과 : 의약품 및 수술기구 신고서

4) 의료 면허증 발급

5) 진료시 세팅 : 접수 → 진료 → 약국(번호표 사용, 이동 방향 표시)

6) 평가 및 보고서 작성

5. 품질 개선

1) 이동 진료 장비 구축

- 치과, 이비인후과, 외과 기구

- 초음파 : 내과, 산부인과

- 임상병리 키트 : 당화혈색소(HbA1c), 포도당 및 소변 검사지(glucose & urine stick)

- 맥박 산소 측정법(pulse oximetry)

2) 현지 병원과 협력 진료

- 수술실 이용

- 마취과 협력

3) 적절한 팀 구성

- 수술 팀, 치과 팀

6. 교육 프로그램

1) 의료인 교육 : 의사, 치과의사, 간호사 등

- 강의, 세미나

- 협력 진료

2) 위생 및 예방 교육 : 일반인

- 에이즈, 성병

- 칫솔질, 손 씻기

3) 신체검사 : 학생

- 체중, 시력, 청력 검사 등

- 선천성 질환 발견

7. 팀 접근

1) 현지 의료인과의 협력 진료

- 현지 요구 : 현지 의료인과 진료시 인정(짐바브웨)

- 연계성 : 수술 후 상처 관리

2) 해외 선교단체와의 협력 진료

- 주로 의료 외적인 부분

- MAF : 아프리카 비행 선교단

- Hober-Aid : 이동 진료, 자비량 선교(tent maker)

3) 다른 교회와의 협력 진료 : 의료 인력 확보

- 수술 팀 : 외과의사, 어시스턴트, 수술실 간호사, 마취과

4) 통역

8. 네트워크

1) 디지털 커뮤니케이션

- 각 교회별 진료 봉사 자료 정리 및 구축

- 현지 진료 자료 공유

2) 인력 교류

- 인력이 필요할 때 서로 공유

3) 경험 공유

- 현지 사정, 준비 사항

- 아프리카 : 말라리아 예방법 및 치료

소망교회 • 의료선교부 황성규

단기 의료선교의 전략 및 나아갈 방향

1. 2015년 소망교회 의료선교

1) 해외 선교

- L국(2월 16-21일)

- 미얀마(9월 25-29일)

2) 국내 선교

- 교회 의무실 주일 진료

- 서울역 노숙자 진료(둘째 주 목요일 : 사랑의등대교회)

- 국내 진료 봉사(둘째 주일)

- 외국인 근로자 진료(셋째 주일 : 구리 성광교회 / 셋째 주일 : 청년 팀 인천사랑

  마을교회 사역 / 다섯째 주일 : 구로 지구촌선교회)

- 탈북민 진료(한정협) 수요일 : 기독교회관

- 국내 선교부와의 연합 사역(풍곡교회)

2. 의료 선교부 진료 봉사(국내)

팀명	장소	일시
탈북민(한정협)	기독교회관 2층	매월 마지막 주 수요일
서울역 팀	서울역 노숙자 진료: 사랑의등대교회	매월 두 번째 목요일
외국인 팀(외국인 근로자)	구리 성광교회 구로 지구촌선교회	매월 셋째 주일 매월 다섯째 주일
청년 팀	인천사랑마을교회	매월 셋째 주일
진료 1반		암미선교회
진료 2반		용인 요한새빛교회(맹인교회) 이천 베데스타
진료 3반		암미선교회

3. 해외 의료 선교지 선정

1) 과거 의료선교부 사역지 선정의 문제

- 일회성 선교 → 중단기적 접근

- 현지 정부나 의사들과의 갈등

 · 현지의 필요를 파악하여 접근

 · 현지 의사와의 협동 사역 : 현지 의료 문제에 체계적 접근, 현지 의사 교육

- 여러 단기 선교와의 중첩, 대단위 선교단

 · 현지 선교사에게 부담이 됨

4. 의료선교의 롤모델

1) 구한말 조선에서 체계적으로 이루어진 의료선교

2) 의료선교의 수혜자에서 베푸는 자로 전환

5. 해외 의료선교지 선정시 고려 사항

1) 의료선교의 특성과 의료 전문성을 살릴 수 있는 지역

2) 안전성 : 단기 선교임을 감안할 때 분쟁 지역, 이슬람 극단주의자들이 있는 위험 지역 제외

3) 효율성 : 지리적으로 거리가 너무 먼 아프리카, 남미보다는 중국, 동남아시아, 몽골, 인디아 등

4) 행정적 문제가 해결 가능한 곳 : 합법적 의료선교

5) 장기 계획으로 접근이 필요한 곳 : 봉사 → 현지인 교육 및 훈련 → 현지인 운영 → 현지인에게 위임

6) 현지 의료 수요와 선교 지역의 다양한 요구 고려

7) 선교사와 협의가 가능한 지역

6. 2015 의료선교부 해외 진료

일정	나라 및 지역	담당 선교사	인솔 교역자	참석 인원	사역 내용
1.30-2.3	L국 V시	장○○	박원빈	37명	진료(2124명), 이미용(419명), 전도(287명) 나싸이교회, 큐라캄싸이 빠따담 통나미, 브라캄싸이 빠까담 빡사
8.12-18	미얀마 양곤	오○○	선우천	37명	진료(1953명), 이미용(583명), 문화(560명) 불교학교(양곤)

영락교회 • 의료선교부 이명춘

단기 의료선교의 전략 및 나아갈 방향

1. 단기 의료선교에 왜 참여하는가?

나를 향한, 타인을 향한 예수 그리스도의 사랑을 깊이 경험할 수 있는 기회이기 때문이다.

"내가 주릴 때에 너희가 먹을 것을 주었고 목마를 때에 마시게 하였고 나그네 되었을 때에 영접하였고 헐벗었을 때에 옷을 입혔고 병들었을 때에 돌보았고 옥에 갇혔을 때에 와서 보았느니라"(마 25:35-36).

2. 단기 (의료)선교의 장단점

1) 장점

단기 선교시 자신의 꿈이 변한다.

- 개교회의 선교의 꿈이 변한다.

- 선교지의 정규 선교사와 그의 보조자에게 큰 도움을 준다.

- 정규 선교사가 가기 힘든 지역과 접촉하기 힘든 사람에게 다가갈 기회가 있다.

2) 단점

- 선교지의 정상생활을 파괴시키는 위험이 있다.

- 지속성이 없다.

- 경험 부족

- 언어 장벽

(출처 : 김영훈, 평신도 단기 의료선교의 이론과 실제, pp 324-325, 연세대학교 출판부)

3. 기존 의료 봉사의 형태

1) 2002-2011년

- 의료선교부가 주체가 된 종합 사역

- 사역 내용 : 의료 봉사, 머릿니 구제사역, 이미용 봉사, 기도 사역, 어린이 문화 사역(풍선 아트, 페이스페인팅, 티셔츠에 로고 그리기, 사진 촬영 및 인화, 팝콘, 팥빙수 만들기)

2) 2012-2014년

- 의료선교부, 2남선교회(50대 남성들로 구성)가 주관하는 협력 사역

- 의료선교부가 의료 봉사를 주관하고, 2남선교회와 협력하여 어린이 문화 사역

을 함 / 2남선교회 회원들이 현지 식수원 확보, 화장실 개보수, 건물 페인팅 및 장학 사업

4. 의료 봉사의 새로운 시도

1) 재난 구조 협력 사역

- 2013년 11월 태풍 하이옌으로 극심한 피해를 입은 필리핀 타클로판 지역을 중심으로, 2014년 1월 27일부터 일주일간 12명의 의료인이 참여하여 의료 봉사를 함
- 세브란스병원 재난 대응 의료안전망사업단의 주도 아래 안전행정부, 현대차 정몽구재단, 민간의료단체-5개 대학부속병원(신촌·강남세브란스병원, 원주세브란스병원, 충남대병원, 전주예수병원, 고신의료원)과 3개 교회(소망교회, 삼덕교회, 영락교회)-가 협력하여 2개월간 같은 지역에서 8개 팀이 일정을 조정하여 의료 지원과 구호 활동을 펼침

2) 해외 선교사 건강 검진 사역

- 선교사들이 많이 모이는 선교대회에 참여하여 선교사와 그 가족들의 건강을 진단하고 상담(혈압, 당뇨, 초음파-복부, 갑상선, 유방, 부인과 분야, 의료 상담)

3) 현지에서 진료한 환아의 지속적 관리

- 2015년 2월 미얀마 의료 봉사 내 신료한 환아(생후 4개월 남아, 체중 2킬로그램 이하)의 영양 결핍에 대해 현지 선교사가 도움을 요청하여 매일유업에서 분유를

지원받아 환아 가족에게 전달

- 현재 분유를 잘 섭취하여 영양 상태가 많이 호전됨

4) 파송 선교사의 모바일 건강 상담 및 국내 의료진 연계 사역

- 설교 중 가슴 답답함과 어지러움증으로 도움을 요청한 현지 선교사에게 카톡 및 통화로 자문을 한 뒤, 선교사가 귀국하여 사전에 예약한 대학병원에서 심장내과 외래 진료 및 검사를 받음

5. 단기 의료선교의 나아갈 방향

1) 데이터 네트워크 구축 및 공유

- 단기 선교를 다녀온 국가의 정치, 문화 및 보건시스템 / 질병에 대한 정보와 의료에 대한 요구를 자료화하여 향후 다른 의료기관이나 교회에서 단기 선교를 갈 때 정보 공유

2) 각 선교지의 필요를 파악하여 단기 의료선교를 준비하는 단체나 개인과 연결해 주고, 약품 지원 및 의료기기 대여를 관장할 선교 코디네이터 기관 필요

3) 지역 교회들이 연합으로 단기 의료선교를 시행하여 자원의 효율화 및 선교 역량 강화

4) 파송 선교사와 현지인에 대한 의료 서비스를 오프라인 및 온라인으로 실시하여 단기 의료선교의 한계 극복

5) 의료선교 교육훈련 프로그램을 통해 선교의 기본 소양을 갖춘 단기 의료선교 참여 예정자를 준비시킴

단기 의료선교의 가상 모델

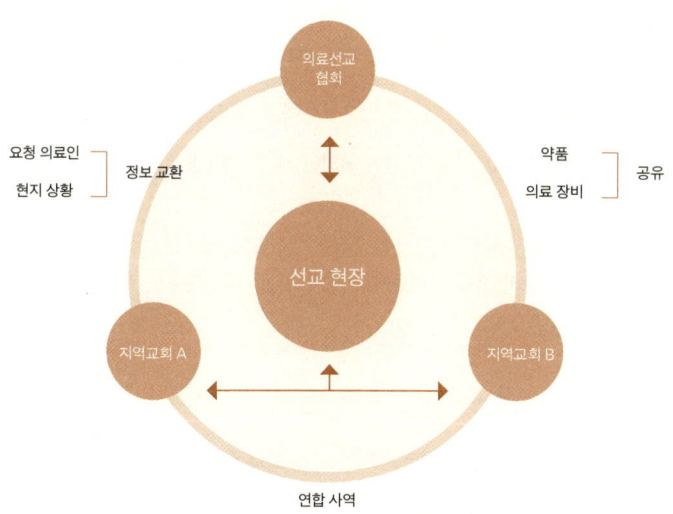

오륜교회 • 의료선교 팀 신현수

성령을 따르는 총체적 의료선교

1. 예수님이 가르쳐 주신 선교전략

"오직 성령이 너희에게 임하시면 너희가 권능을 받고 예루살렘과 온 유대와 사마리아와 땅끝까지 이르러 내 증인이 되리라 하시니라"(행 1:8).

- 성령께서 선교의 주체, 사역보다 기도가 우선

- 다음 세대를 동역자로 세우고 팀 조직화 및 파송

- 선교 대상의 점진성 / 총체성

  교회 내 → 국내 취약층 / 농어촌 → 국내 외국인 / 다문화 사역 → 해외 선교

- 필요가 있는 곳으로 직접 찾아가는 선교

- 의료 사역 뿐 아니라 삶을 통해 복음 증거 / 교회 개척

2. 국내 의료선교 전략

선한 사마리아인이 되어 소외된 이웃에게 하나님의 사랑을 전하자.

1) 사랑의 클리닉

- 다문화 가정, 외국인 유학생, 외국인 근로자 및 한국인 성도

- 매 주일 오후 3-5시 전 과목 진료, 월 1회 갑상선 초음파 실시

- 일반인 참여 : 써포터즈, 의료선교 관심자 / 헌신자 발굴

2) 농어촌 교회 의료 지원

- 국내 선교 팀 : 연 2회, 의치한 협진, 의료선교 관심자 발굴

3) 선샤인(선한 사마리아인) 의료 봉사단 : 국내외 비정기적 의료 지원

- 섬나위 : 소외 계층 / 시설 / 진료 지원 / 방문 간호

- 국내 선교 팀 : 농어촌 진료 봉사 팀 파견

- NGO (사)프렌즈 : 국내외 긴급 구호 지원

- 실업인선교회 : 선교사 영성수련회 의료 지원

3. 해외 의료 선교 전략

알렌, 언더우드 등의 의료 선교사를 본받아 의료선교 팀이 앞장서 세계 선교의 지성을 넓히사.

1) 해외 의료선교 팀 파견

- I국 / 인도(여름), B국 / U국(가을 추석 연휴)

- 의치한간약 + 일반인 연합, 의료 + 문화 / 예배 + 지원 팀

- 교회 건축 + 사역자 사택 건축, 교회 + NGO + 기업 후원 동원

- 치료 사역 + 학교 구강보건사업, 현지인 의료인 및 통역 봉사자 동원

2) 해외 선교사 지원

- 매주 150여 명의 장단기 파송 / 후원 선교사를 위한 중보기도

- 선교사 질병에 대한 상담 / 치료 연결, 선교사 추천환자 수술 지원

- 사랑의 헌금 / 후원금, 선교사 자녀 장학금 지원[교회, (사)프렌즈와 협력]

3) 의료 선교사 파송

- 헌신된 의료 선교사 발굴 / 훈련 / 파송 / 후원(교회 / 선교단체 / NGO 협력)

- 의료선교사 후원을 위한 기금 모금 및 적립

- 현재 NGO를 통해 U국에 의료선교사 1명 파송

- 인도네시아 / 인도 등에 파송 고려

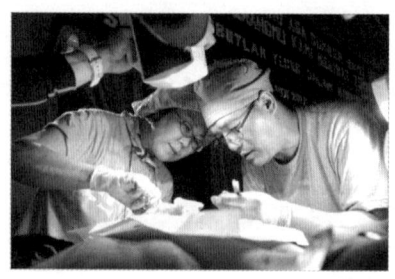

온누리교회 • 의료선교 팀 윤상엽

CMN(Christian Medical Network) 전략 및 비전

1. CMN 형성 과정

1) 1985년 온누리교회 개척 이후 2005년 5개 의료선교 팀이 자발적으로 형성됨

2) 2005년 동남아시아 쓰나미 긴급구호, 2006년 강원도 대규모 수해 긴급구호 → 교회적으로 대사회 봉사활동 중요성 인식

3) 2006년 의료 팀 통합기구 CMN(Christian Medical Network) 출범

4) 2015년 7개 현장 의료 팀, 6개 지원 팀, 3개 네트워크 팀과 선교사 케어 팀(총 17팀)

2. CMN 전략 및 비전

1) 의료 장비 노후에 따른 신규 장비 확보

2) 최첨단 의료 장비를 갖춰 의료의 질적 향상 및 잠재적 의료인 참여 유도

3) 교회 내 타기관(더멋진세상, 이천선교 등)과 유기적 동역

4) 이천선교의 지원으로 신규 의료 장비를 구입하여 폭넓은 현장 사역 진행

5) 각 공동체별 의료 사역 팀 구축, 지원

6) 국내외 의료 사역 팀(의선협, NGO 단체, 타교회 등)

7) 온누리 의료센터 설립을 통한 선교사 케어

3 현장 사역 팀

- 정기 사역 : 외국인 근로자, 조선족 근로자, 농어촌 교회, 시설 / 복지관, 노숙자, 탈북자 진료

- 해외 아웃리치 : 중국, 인도차이나 반도, 동남아시아, 아프리카 등

- 기관 사역 : 안산김포M센터, 하나공동체, 기지촌 여성, 사)참좋은사람, Better World

- 비정기 사역 : OMC 지원, 각종 행사 지원, 선교사 케어

4. 2015 현장 사역 팀 해외 아웃리치

팀명	사역지	기간	현지 담당자 소속단체 / 교회	비고
마하나임 Bee	라오스	7/14-19	TIM/온누리	참석 인원 30명 진료 인원 1500명, 미용 150명
본부	르완다, 케냐	8/15-24	더멋진세상/온누리	더멋진세상 르완다 현지 보건소 의료 진료 1470명 케냐 나이로비 선교사 건강검진 및 진료 130명
마노아	필리핀	8/8-13	CAMP/NGO 단체	참석 인원 30명 진료 인원 900명
드림	인도네시아 A, B	2/18-22 8/8-13	TIM/온누리	참석 인원 40명/40명 겨울 사역 진료 인원 1100명 여름 사역 진료 인원 1200명

팀명	사역지	기간	현지 담당자 소속단체 / 교회	비고
라파	산청 내대 교회	7/24-26	현지교회	농어촌선교회와 공동체에서 협력 진료 인원 90명
샬롬	인도네시아	7/25-30	TIM/온누리	참석 인원 30명 진료 인원 350명, 미용 150명, 어린이 사역 70명

5. 2015 현장 사역 팀 국내 사역

팀명	사역지	일정(매월)
드림	김포 M센터(외국인 근로자)	둘째 주 주일
Bee	경기도 포천 지역 외국인 근로자, 농어촌 교회 서울역 노숙인	둘째 주 주일 셋째 주 목요일
마노아	양지 비전빌리지(국내 안식 선교사, 현지 노인 사역) 국내 농어촌교회	셋째 주 주일
마하나임	충북, 충남, 강원도 지역 농어촌 교회	넷째 주 주일
라파	서빙고 예배당 진료실(외국인 근로자) 안산 M센터(외국인 근로자)	매주일 셋째 주 주일
토브	양재 예배당 치과진료실(탈북자) 한중사랑교회(조선족 근로자)	매주일 넷째 주 주일
샬롬	안산 M센터(외국인 근로자)	둘째 주 주일

6. CMN 지원팀

1) 이미용 팀

미용스쿨 : 3월 12월(매주 화요일) 오후 2시-7시(38주 코스, 실기 위주 교육)

2) 수기치료 팀 / 발 마사지 팀

수기치료 / 발 마사지 스쿨 : 3-12월(20주 코스)

정기 사역 : CMN 현장 사역 팀 주일 사역 동참

수시 사역 : 주중 타교회, 교역자 요청시, 수기 팀 일본 아웃리치

3) 예배 팀 / 영정 사진 팀

챔버 팀과 국악챔버 팀(한예울)

챔버 스쿨 : 매주 토요일 1부 오전 10시-12시/2부 오후 7시-9시

영정 사진(효도 사진) : 현장 사역 팀, 이미용 팀, 마시지 팀과 연합, 고급 액자에 넣

어 농어촌 교회 목사님께 전달

7. CMN 네트워크 - 약무 팀/장비관리/간호

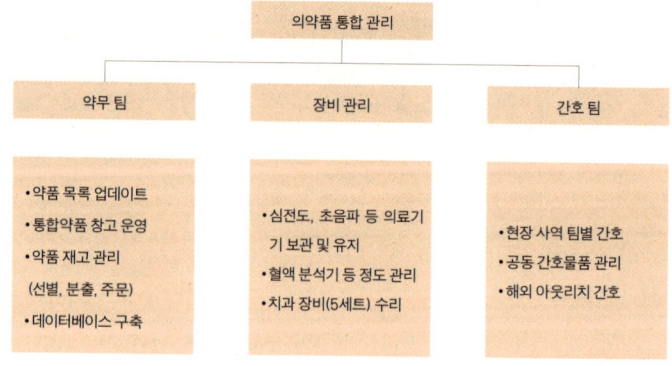

8. 선교사 케어 팀(CMN 사이버병원)

www.cmn21.org

1) 사이버 상담 : 해외에서 사역하는 한인 선교사를 대상으로 사이버 건강 상담

2) 내원 진료 : 파송 선교사를 위한 진료 지원

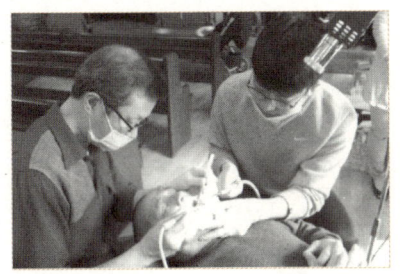

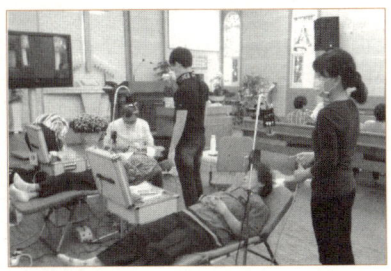

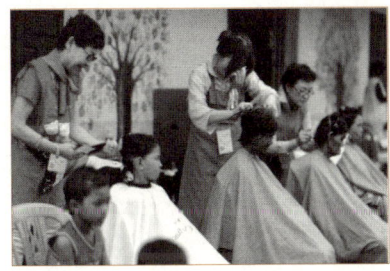

주안장로교회 • 의료선교회 박태순

단기 의료선교의 전략 및 나아갈 방향

1. 오디션?

1) 무엇이라도 해야 한다는 마음

- 개인적인 시선으로 준비하는 첫 번째 선교

- 무언가를 해야 한다는 압박감

- 인간적인 완성에 대한 욕심, 그리고 뜻대로 되지 않음에 대한 개인적인 분노, 억울함

- '반드시 이번 오디션을 통과해야 한다'는 강한 의지

2) 만족스러운 두 번째 단기 의료선교(주연이 되고 싶은 의지)

- 반복되는 후회는 반드시 피해 보리라는 각오

- 철저한 사전 계획에 의한 완벽한 입국 절차

- 비전 트립을 앞둔 몸의 변화

- 예기치 않은 사고의 발생

- 인간적인 회의 / 허탈함

- 한 자매의 고백, "이번에는 의료 봉사를 하고 가는 것 같네요."

3) 세 번째에서야 느껴지는 관점의 변화(관객과 하나 되는 공연)

- 한 자매의 무의식적 행동으로 인한 깨달음

- '얼마나 잘할 것인가?'보다 '무엇을 할 것인가?'를 생각함

- 아이들의 순수한 물음, "우리 집에 왜 왔어요?"

- '무엇을 더 줄 것인가?'라는 생각을 지배하는 또 다른 생각, '우리는 너희보다 더 많이 갖고 있다.'

- 공평하신 하나님의 가르침

2. 하나님의 대본

1) 하나님의 대본에 순종하라

- 다 내려놓음

- 준비된 대본을 인정한다

- '왜 이래? 너무 대충대충 하는 거 아니야?'라는 걱정 어린 시선

- 하나님의 일에 있어서 사람의 짐을 내려놓지 않아야 하는 이유와 내려놓아야 하는 이유의 차이

2) 하나님은 무엇을 원하실까?

- '왜?'라고 묻는 자보다 '네!'라고 대답하는 자

- '지식이 있는 자'보다 '지혜 있는 자'

- 주어진 상황을 있는 그대로 순종하는 자

- 로마의 법을 따르는 자

3) 단기 선교는 최상의 사진을 찍는 것

- 나에게 가장 잘 어울리는 사진기를 찾아내야 한다.

- 초점이 빗나간 결과물을 얻었을 때의 아쉬움

- 잘못된 초점에 의한 새로운 발견

- 열두 정탐꾼의 사진기 중 여호수아와 갈렙의 사진기에는 하나님의 '오토포커싱' 기능이 있었다.

3. 욕심을 내려놓음

1) 하나님의 음성을 깨닫다

- 뒤죽박죽 정신 없이 흐트러져 있는 선교의 진행

- 예배가 빠져 중심이 흐트러지는 듯한 선교

- 허탈한 마음으로 오르는 귀국길

- 가장 작은 행동에 대한 하나님의 음성. "너희가 여기 내 형제 중에 지극히 작은 자 하나에게 한 것이 곧 내게 한 것이니라."

2) 목숨을 내어놓는다는 것

- 손양원 목사님의 순교공원을 찾아가다

- '나도 순교하면 이런 기념공원 만들어 줄래?'

- 순교의 욕심이 있는 자는 하나님께서 절대로 순교시키지 않으신다.

- 명예에 대한 욕심을 버려야만 죽기까지 따를 수 있다.

4. 단기 선교란?

1) 쪽지시험

- 성적표나 입시에 반영되지 않지만 열심히 해야 하는 것

- 큰 그림의 점 하나를 찍는 작은 행위지만 없어서는 안 되는 사역

2) 네거티브 훈련

- 부정적인 조건에서 가장 강한 하나님의 뜻을 찾아낼 수 있다.

3) 돌아올 수 있는 선교

- 정해진 기간이나 행위가 있는 사역으로 하나님의 큰 그림을 그려 낼 수는 없는 것

4) 전문인들의 올바른 사역 방법

- 전문적인 기술을 갖고 있는 사람들의 달란트 사용 방법

- 올바른 사역을 통해 진정한 달란트를 찾아내는 것

5) 국가적, 세계적 연합이 필요한 사역

- 똑같은 실수와 후회를 모든 단기 사역자들이 매번 경험한다.

- 연간 약 30만 명이 동원되고, 3000억 원 이상의 비용이 사용되지만 그에 대응하는 결과물이 없다.

6) 누구나 참여할 수 있는 사역

- 기도는 인간이 할 수 있는 가장 최선의 행동이다.

5. 단기 선교에서 지양해야 할 점

1) 인간의 계획을 너무 완벽한 시나리오로 만들지 말라.

2) 선교에 방해되는 사람을 배제하려고 애쓰지 말라.

3) 선교사의 결정에 순종하라.

4) 당신의 단기 선교 활동은 누군가의 간절한 기도 응답임을 잊지 말라. 하나님께서 예비하신 것을 전하는 자라는 사실을 잊어서는 안 된다.

5) 선교 팀의 진행 담당자를 신뢰하라.

6) 개인적인 행동과 의견을 드러내지 말라.

지구촌교회 • 의료선교회 최영환

단기 의료선교의 향후 전략

1. 단기 의료선교의 의미

1) 의의 : 단기 의료 사역은 선교를 위한 수단이 아니라 선교의 일부다.

2) 자세 : 팀원들이 먼저 성령 충만하여 환자들을 긍휼히 여기고 섬겨, 그들이 우리에게서 그리스도의 향기를 느껴 주님께 이끌리게 유도한다. 단번에 회심하지 않는다고 실망하지 않고 어떤 사람이 그리스도인이 되기까지 평균 9단계를 거치는데 우리는 그중 한 단계만 책임질 뿐이라는 겸손한 마음이 필요하다.

3) 역할 : 폭격기에 비유(선교사가 수년에 걸쳐 만날 수 있는 현지인들을 일주일 만에 만나게 해주는 역할 수행)

4) 문제점: 환자 F/U(follow up) 불가능, 현지 의료체계 교란 우려

2. 고려 가능한 단기 의료선교 모델

1) 난민 사역 : 타국에 잠시 나온 난민들은 마음이 가난해져서 복음을 쉽게 받아들

인다. 이들이 복음의 문이 닫힌 본국에 돌아갈 경우 복음의 씨앗이 될 수 있다.

2) 현지 교회 사역 : 닫힌 지역교회에서 사역하여 현지인들을 교회로 이끌어 좋은 인상을 받게 한다.

3) 현지 의료진과 연합 진료 : 현지 의료계의 반발을 무마하고 의학 지식을 알려 주어 좋은 인상을 준다.

4) 교육 및 상담 : 현지 주민을 대상으로 보건 위생 교육 및 상담 사역을 진행한다.

5) 한인 선교사 사역 : 현지에서 수련회를 개최하고 선교사가 섬기는 사역을 동시에 진행한다. 의료 / 이미용 / 문화 예술 / 어린이 사역을 동시에 진행하여 영육 간의 회복을 돕는다.

3. 현지에서 사역할 때 고려 사항(일정)

1) 최소 4개월 전에 교회별 선교 일정을 나눔으로 진료 인력 및 약품 공유 방안을 마련한다(늦어도 매년 3월경 연합 모임 개최).

2) 최소 2개월 전부터 매주 중보기도 및 준비 모임을 한다.

3) 진료를 시작하기 전에 먼저 관광 일정을 잡지 않는다.

4) 매일 아침마다 큐티와 기도로 하루를 시작한다.

5) 귀국 후 한 달 이내에 사역 평가 모임을 한다(사역 사진과 영상 관람 / 현지 선교사 피드백 듣기 / 팀원 친교 지속).

6) 매년 초에 현지 선교사에게 상비약을 보낸다.

7) 선교사 의료 상담 네트워크를 마련한다(이메일 진료 상담).

4. 현지에서 사역할 때 고려 사항(접수)

1) 많은 수의 환자를 보는 것보다 소수의 환자라도 정성껏 섬기는 자세를 견지한다.

2) 줄을 세우고 질서를 유지시키는 부분은 현지인에게 맡긴다. 현지인들이 사역 팀에게 반감을 갖게 될 우려가 있기 때문이다.

3) 접수 파트에 경험이 많은 간호사를 배치하여 진료과를 분류하게 한다.

4. 내과와 소아과 경계 연령은 환자가 몰리는 정도에 따라 유연하게 조절한다(만 5-30세 사이).

5. 소아환자는 활력 징후 체크가 불필요하므로 직접 소아과에서 접수한다.

5. 현지에서 사역할 때 고려 사항(진료)

1) 1차 진료시 연고를 도포하는 등의 처치를 직접 해주어 현지인들에게 감동을 주는 섬김의 행동을 실천한다.

2) 네 가지 유형의 질환 대처법

- 감기 등 가벼운 질환 : 투약 및 처치

- 당뇨 등 만성 질환 : 선교사를 통해 지역 의료기관에 연결

- 수술이나 고난도 치료가 필요한 질환 : 선교비를 지원하여 현지나 국내 병원에 연결

- 유전성 질환 등 불치 질환 : 중보기도 제안

광주동명교회

동명선교대회 의료포럼

1. 동명의료 봉사 팀의 비전

1) 장기적으로 오지의 영혼들을 위해 인접한 도시에 병원을 세울 의료선교사 파송을 위해 기도한다.

2) 추석 기간에 캄보디아 의료선교에 25명이 참여하여 사랑으로 섬긴다.

3) 기존에 방문한 선교지를 연차적으로 순회하여 방문 봉사하여 구령사업을 구체화한다.

2. 동명교회 태국 치앙마이 의료선교

1) 인원 : 28명(광주동명교회 성도, 전남노회 장로연합회 임원)

2) 장소 : 태국 제2도시 치앙마이, 치앙라이

3) 일시 : 2014년 9월 6-11일(추석 연휴 기간)

4) 방문 교회 : 타이 비전교회, 이레 비전교회, 다랑 시온성교회(산족 마을 교회)

5) 방문 학교 : 반홍 중고등학교, 티라깐 학교

3. 의료 봉사에 따른 준비와 보완점

1) 통역사를 발굴하여 3단계 이상의 문진 절차를 간소화한다.

2) 점차적으로 의료시설을 지원하여 현지 병원과 협진을 한다.

3) 의료 팀은 출발하기 1년 전부터 현지의 상황을 고려하고 훈련을 실시하여 원활한 봉사를 한다. 많은 비용과 인력이 소모적으로 사용되지 않도록 한다.

4) 한 지역을 지속적으로 관리 지원하여 환자들의 상태를 최소 1년에 1회 정도 살핀다.

5) 현지 의료선교사를 중심으로 병원을 확충하여 거점 병원을 두고 집중적으로 의료봉사를 한다.

4. 치과 의료 제안

1) 장비가 불충분하여 치과 치료의 많은 부분을 흡족하게 치료하지 못했다.

2) 의료 체어가 갖춰지지 않아 의료진이 탈진했다.

3) 전기 공급이 원활하지 않아 치료가 어려웠다.

4) 감염 환자를 관리하지 않아 위험성이 노출되었다.

5. 치과 의료 대인

1) 현지 병원과 협진을 한다.

2) 지속적이고 반복적인 봉사를 통해 관리한다.

3) 기초 의료 시설을 갖춘 병원이 필요하다.

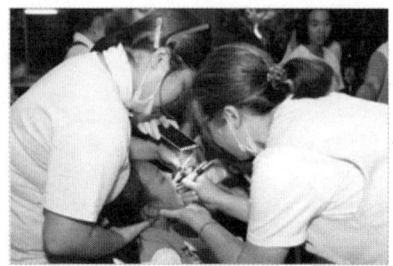

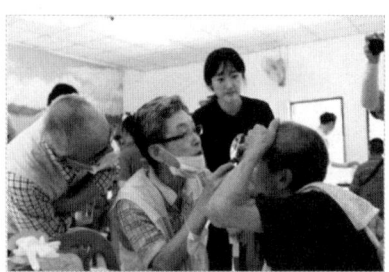

광주양림교회

케냐 의료선교

1. 광주양림교회 케냐 의료선교

1) 일시 : 2014년 1월 24일-2월 1일

2) 장소 : 케냐 니에리 예수영성센터 하니병원

2. 케냐 의료선교 사역

1) 의료 사역

2) 어린이 사역

3) 컴퓨터 사역

4) 고아원 방문 사역

케냐 어린이를 진료하고 있는 의료진.

현지 교사들을 대상으로
컴퓨터 교육을 하는 청년들.

의료 사역이 진행되는 동안 한쪽에서는
어린이들과 즐거운 시간을 보냈다.

고아원을 방문하여 정성껏 준비한
신발을 아이들에게 나눠 주었다.

광주월광교회 • 의료선교위원회

예수 사랑을 빛고을에서 땅끝까지

광주월광의료선교위원회 사역 소개

1) 의료 상담 사역

2002년 의료선교부로 발족하면서부터 매 주일 3부 예배 후부터 4부 예배 전까지 양한방 및 치과가 2과씩 선교센터 2층 정보실에서 의료 상담을 하고 있다.

2) 해외 의료선교 사역

- "예수 사랑을 빛고을에서 땅끝까지"라는 월광의 비전을 실천하는 단기 선교사역으로 2003년 캄보디아 프놈펜에서 시작하여 2013년 현재까지 19차에 걸쳐 활발히 진행 중에 있다.
- 매년 1-2회에 걸쳐 해외선교위원회와 동역하여 현지 선교사의 사역에 돕고 있다. 미용봉사 팀과 동역하는 미용봉사는 항상 큰 호응을 얻고 있다.
- 현재는 필리핀 마닐라 팡팡가에 위치한 레인봉우 센터(이경수 선교사)에서 미국

새생명교회(담임목사 임규영)와 협력하여 월광 성도 등의 영성훈련을 시키는 의료선교 사역의 영역을 확장하고 있다.

3) 메디컬센터 진료 사역

- 2010년 5월 제이하우스 1층에 개설한 메디컬센터에서 월광교회에 출석하거나 이 지역에 거주하는 다문화 가정이나 외국인 또는 유학생들에게 의료 봉사를 하고 있다. 매 주일 오전에 양한방 진료와 치과 진료를 하며 간단한 의료 서비스를 제공하고 있다.

4) 국내 의료선교 사역

- 국내선교위원회와 동역하여 2012년부터 1년에 4차례 이상(분기당 최소 1회) 농촌 교회가 섬기는 지역을 대상으로 의료 봉사를 하고 있다.
- 농촌 지역 어르신들을 대상으로 간단한 건강 검진, 링거 수액주사, 영양제나 구급약품 등을 제공하고 있다. 비정기적으로 노엘실버타운에 입소한 어르신들과 인근 마을에 거주하는 어르신들을 대상으로 같은 의료 서비스를 제공하고 있다.
- 미용봉사 팀의 미용봉사 사역과 전도대의 전도 사역을 의료봉사 기간에 같이 실시하여 성도 간에 합력하여 선을 이루는 섬김의 본을 보이고 있다.

5) 전도여행 목표

- 잃어버린 영혼을 향한 아버지 하나님의 마음을 이해하고 배워서 그 마음으로 하

나님과 세상의 무너진 성벽과 결렬된 틈에 중보자로 서며, 온전한 예배의 삶을 통해 어둠에 속한 모든 정사와 권세를 파하며 하나님 나라가 확장되도록 한다.

- 공동생활을 통해 날마다 하나님과 사람 앞에 열린 삶과 깨어진 삶을 배운다. 그리스도의 몸으로서 하나 됨을 이루어 각 개인에게 주신 하나님의 부르심과 은사를 확인하고 개발한다.
- 의료선교 기간 동안 머무는 현지에서 우리에게 주신 영혼들을 사랑하며, 겸손히 섬기며 우리의 목표인 전도, 훈련, 의료(구제)의 사역을 행하며 배운다.
- 미전도 사역 또는 최소 복음화 지역의 전도여행을 통해서 선교 현장의 제반사항을 파악하고 선교에 대한 각 개인의 기경을 넓힌다. 나아가 전 교인이 선교에 관심을 갖고 기도 및 여러 활동으로 선교에 참여하도록 돕는다.

6) 전도대 사역 원칙

- 첫 사역지에 선포하는 시간을 가진다. 그 땅의 어둠의 영을 묶어라.
- 사역지에 주님의 사랑을 전한다.

"제 안에 주님의 사랑이 있어야 합니다. 주님의 말씀이 뿌리내려야 합니다. 매일 묵상을 통해 주님의 음성을 들려달라고 미리 기도해야 합니다. 기도와 말씀으로 준비되지 않으면 주님의 선한 도구가 아닌 사단의 도구가 될 수도 있습니다."

- 선교사의 사역에 도움이 되라.

"제가 기도하고 싶나고 기도하고, 전도하고 싶다고 전도하면 안됩니다."

- 섬기려 오신 주님 닮아서 섬기고 돌아오라.

"섬김을 받으려고 간 것이 아닙니다. 칭송을 받으려고 간 것도 아닙니다. 주님처럼 섬기려고 가는 것입니다. 이 사실을 절대로 잊으면 안됩니다."

- 팀의 일치를 위해 힘쓰라.
- 하나님의 통치가 임하도록 기도하라.

7) 전도대 생활규칙

- 하나님의 거룩하심을 지키고 먼저 그의 나라와 그의 의를 구하라. 서로 오해받지 않도록 매사에 거룩한 긴장감으로 무장하라.
- 재정은 하나님께서 강도 있게 훈련시키는 과목이다. 절약과 검소한 삶을 훈련하며 하나님 앞에서 재정 사용하는 법을 배우자. 재정 관리는 회계가 하며, 지출 결정은 리더십 팀에서 한다.
- 선한 말을 하여 듣는 자들에게 은혜를 끼치게 하라.
- 정해진 일정에 따라 시간을 스스로 지키라.
- 의식주가 팀이나 타인에게 거치는 것이 되지 않도록 주의하라. 옷차림은 정숙하고 깨끗하게, 식사는 예의를 갖춰서, 공동생활 공간은 정리정돈과 청결하게 하라.
- 사역에 충실하라. 각자의 사역을 성실하게 감당하라. 다른 사람의 사역을 존중히 여기며 그 권위에 순종하라.
- 머문 곳의 기물 및 개인용품을 허락 없이 사용할 수 없다.
- 비판이나 판단을 하지 마라.